CANNABIS
BAKERY

CANNABIS BAKERY

50 BERAUSCHEND LECKERE BACKREZEPTE FÜR ENTSPANNTE MOMENTE

DIANA ISAIOU
FOTOS: JOE HOLDSWORTH

CHRISTIAN

Inhalt

Einführung

Lange Zeit haben Leute, die mit Marihuana backen, Leckereien und Stärkungen für Freunde und Familie nur im Verborgenen hergestellt. Cannabis war zwar jahrhundertelang legal. Das änderte sich jedoch in den frühen 1900er-Jahren, als in den USA der Drogenkrieg begann und ein hartes Durchgreifen erforderlich wurde. Die Cannabis-Szene ging in den Untergrund, wurde Bestandteil einer Gegenkultur und nur noch von alten Hippie-Großmüttern gepflegt, die weiterhin mit Cannabis backten. Alice B. Toklas sorgte dann 1954 mit dem nach ihr benannten Kochbuch für Aufsehen, das ein Rezept für Haschisch-Fudge enthielt. Das brachte die Dinge wieder ins Rollen. In den 60er- und 70er-Jahren gab es eine Cannabis-Revolution. Während frühere Generationen lediglich medizinische Präparate, Essenzen und Heilmittel, die typischerweise Cannabis enthielten, herstellten, konsumierten und weitergaben, ging es nun schlicht darum, sich zuzudröhnen. Es kamen knusprige Reiswaffeln, Kekse, Fruchtgummis und Karamellbonbons auf den Markt. In jüngster Zeit wurde eine Brücke geschlagen zwischen denen, die die Gesetze brechen, und Ärzten. Cannabis- und Hanfprodukte boomen derzeit, da die Menschen aufgrund ihrer Legalisierung und Normalisierung dazu übergingen, diese Produkte wieder in Form von Nahrungsmitteln und Medizin zu sich zu nehmen. Durch die weltweite Legalisierungswelle gibt es inzwischen eine Vielzahl von kommerziell vertriebenen THC-haltigen Produkten und CBD kann vom Shampoo bis zum Hundekuchen überall enthalten sein.

Ich bin 2014 in die legale Cannabis-Industrie eingestiegen, und das in Washington – einem der ersten beiden US-Bundesstaaten, die den Freizeitkonsum von Cannabis legalisiert haben. Ich betreibe American Baked Co., eine Bäckerei für Cannabis-Produkte. Wir produzieren jedes Jahr Millionen von laborgeprüften Lebensmitteln, die niedrig dosiert mit Cannabis versetzt sind, sogenannte Edibles. Ich hoffe, dass ich mit diesem Buch einige Tipps weitergeben kann, die ich mit der Zeit gelernt habe. Es ist unmöglich, in einem einzigen Buch alles über Cannabis zu schreiben, weshalb ich mich in Bezug auf einige Aspekte kurzfasse. Es gibt weitere Themen wie zum Beispiel das der Cannabinoide und Terpenprofile oder der Sortenwahl, die du weiter vertiefen kannst, um besser zu verstehen, wie Cannabis oder Hanf dir am besten helfen kann. Falls du mehr darüber wissen möchtest, habe ich auf Seite 140 ein paar Quellen angegeben, doch es gibt noch unendlich viel mehr Informationsquellen.

Vieles von dem, was man im Internet findet, sind Erfahrungsberichte, ohne gesicherte Erkenntnisse, ob man zum Beispiel kürzer oder länger kochen sollte, ob man Öl oder Alkohol verwenden sollte oder was auch immer gerade im Trend liegt. Es gibt sicherlich viele Methoden, die genauso gut funktionieren wie meine eigene. Nach einigen kostspieligen Fehlschlägen und mithilfe meiner Erfahrungen im Kochen, die mir vieles verständlicher machten, lernte ich ein paar Grundlagen darüber, wie man die Pflanze ins Essen »zaubert«. Wenn man erst die Dosierungs- und Mischmethoden verstanden hat, kann man seine eigenen Ideen in fast jedem Rezept umsetzen. Dies ist zwar ein einfach und legal erhältliches Cannabis-Backbuch, aber dennoch möchte ich nicht unerwähnt lassen, dass die Gesetzeslage in Bezug auf Cannabis sehr unterschiedlich ist. Ich genieße legal Cannabis, während andere immer noch für den Konsum einer Pflanze eingesperrt werden – ich finde das nicht in Ordnung.

Die Pflanze

Die Cannabis-Pflanze enthält unzählige Cannabinoide, Terpene und andere Substanzen. Die Substanzen, von denen am häufigsten die Rede ist, sind Tetrahydrocannabinol (THC) und Cannabidiol (CBD). Ich konzentriere mich in diesem Buch auf diese beiden Cannabinoide, möchte aber darauf hinweisen, dass auch die anderen Bestandteile der Cannabis-Pflanze, je nach Sorte, verschiedenste physische Wirkungen hervorrufen oder beeinflussen können, von schlaffördernd bis hin zu Energie spendend, schmerzlindernd, euphorisierend oder beruhigend. Cannabis und CBD-Hanf sind die gleiche Pflanze, wobei die eine für maximalen THC-Gehalt und die andere für minimalen THC-Gehalt (normalerweise 0,02 % oder weniger), aber maximalen CBD-Gehalt gezüchtet wurde.

THC ist das euphorisierende Cannabinoid, das einen psychoaktiven Rausch bewirkt. Eine durchschnittliche »Freizeit«-Dosis beträgt etwa 10 mg, obwohl manche Menschen eine viel höhere Menge bevorzugen und andere lieber eine Mikrodosis von jeweils 1–2 mg mehrmals am Tag einnehmen, um Ängste oder Schmerzen zu lindern, ohne davon high zu werden.

CBD ist ein nicht psychoaktives Cannabinoid, das das allgemeine Wohlbefinden beeinflusst. CBD zeigt eine bessere Wirkung, wenn es mit einer geringen Menge THC kombiniert wird. Eine Standarddosierung von CBD liegt bei 10–1000 mg. Höhere Dosen werden in der Regel über den Tag verteilt eingenommen.

Im Wesentlichen unterscheidet man zwischen Sorten von Cannabis sativa, die eher anregend sind, und Sorten von Cannabis indica, die eher beruhigend wirken. Jüngste Forschungen zeigen, dass heutzutage so gut wie jede Sorte eine Kreuzung ist und dass dieselbe Pflanze, wenn sie unter unterschiedlichen Bedingungen angepflanzt wird, je nach Anbaugebiet verschiedene Variationen hervorbringen kann.

Cannabis hat, je nachdem, ob man es isst oder raucht, eine andere Wirkung auf den Körper. Wird Cannabis geraucht, setzt die Wirkung sehr schnell ein und man ist nahezu schlagartig high. Bei Edibles setzt die Wirkung langsam ein, in der Regel nach 20–40 Minuten, unter Umständen aber auch erst nach zwei Stunden. Anfangs ist die Wirkung sehr intensiv und geht dann in einen anhaltenden Zustand über, der bis zu sechs Stunden andauern kann. Der Verzehr von Cannabis führt zu einem intensiveren physischen Effekt – der Körper fühlt sich gut an, mit weniger Schmerzen, aber man spürt auch ein psychoaktives, euphorisches Rauschgefühl im Kopf. Edibles sind besonders bei bewegungsreichen Aktivitäten empfehlenswert, wie Wandern oder Konzertbesuche, zur Linderung körperlicher Schmerzen, zum Beispiel bei Arthritis, oder einfach nur, um besser einschlafen zu können.

Wenn man unter physischen Schmerzen leidet, aber keinen psychoaktiven Rausch spüren möchte, kann man eine einfache Salbe auf der Basis von Kokosöl herstellen (siehe Seite 18). Bei der Anwendung auf der Haut wird man vom Cannabis nicht high, aber es lindert dennoch die Schmerzen. Man muss die Salbe allerdings ein paar Tage lang mehrmals täglich auftragen, bis die volle Wirkung spürbar ist.

Wenn du an einem Ort lebst, an dem man legal eigenes Cannabis oder CBD-Hanf anbauen kann, solltest du das tun! Es ist supereinfach und einige der neuen Autoflowering (das heißt selbstblühende)-Sorten wachsen schnell und sind robuste kleine Pflanzen. Natürlich kann man Cannabis auch in einem Cannabis-Laden kaufen. Beim Kauf im Fachhandel sollte man »Popcorn«-Knospen oder kleine B-Grade-Knospen zum Weiterarbeiten kaufen. Bitte keinen zermahlenen Verschnitt kaufen – der Geschmack ist in der Regel furchtbar. Die Qualität, die man in die Extraktion investiert, ergibt am Ende auch ein qualitativ hochwertiges Produkt. CBD kann in Form von Blüten (Knospen) gekauft werden, die wie Cannabis aussehen, aber doch etwas kleiner sind. Gekaufte Cannabis-Mini-Knospen oder CBD-Hanf enthalten etwa 15 % THC oder CBD. Beim Eigenanbau kann man auch die ganze Pflanze verwenden. Ich würde allerdings empfehlen, einige der größeren Fächerblätter zu entfernen, da sie einen grasigen Geschmack haben. Extraktionen aus der ganzen Pflanze, einschließlich Wurzeln und Stängeln, haben einen deutlich geringeren THC- oder CBD-Gehalt, können aber ein breiteres Cannabinoid-Spektrum enthalten.

THC kommt in der Cannabis-Pflanze als THCA vor, eine Version, die nicht psychoaktiv ist. Wenn die Pflanze reift, wandelt sich ein Teil des THCA (eine Säure) in Delta-9-THC (die psychoaktive Form) um. Delta-9-THC entsteht auch, wenn das Pflanzenmaterial erhitzt wird. Wird Cannabis geraucht, wird THCA in Delta-9-THC umgewandelt. Warum ist das wichtig? Weil man Cannabis, das man in Edibles verwenden möchte, durch Erhitzen aktivieren muss, um das THCA in THC umzuwandeln. Das Gleiche gilt für CBDA, das durch Hitze in CBD umgewandelt wird.

So kommt das »Gras« dar ein

Jetzt kommt der wissenschaftliche und mathematische Teil. Man muss diese Schritte genau verstehen, bevor man ein Produkt herstellt. Es gibt vier grundlegende Schritte: decarboxylieren, extrahieren, dosieren und gleichmäßig portionieren. Jeder Schritt trägt dazu bei, eine konstante THC-Dosierung zu gewährleisten, was extrem wichtig ist. Wenn man die Grundlagen der Dosierung nicht beherrscht, kann die Herstellung von Edibles aus ungetestetem Cannabis zu Hause dazu führen, dass man zu high oder überhaupt nicht high wird, und beides ist kein Vergnügen.

Um das Cannabis oder den Hanf zu aktivieren, muss zunächst ein Erhitzungsverfahren namens »Decarboxylierung« durchgeführt werden, um das enthaltene THC und CBD zu gewinnen (wie das geht, steht auf Seite 16). Anschließend extrahiert man das THC/CBD in ein Produkt wie Butter, Öl oder Alkohol (siehe Seiten 18–22), um es in Edibles zu verarbeiten.

In meiner Bäckerei verwenden wir eine Vielzahl von Extrakten, mit denen wir unsere Produkte mit Cannabis versetzen. Für die Bestimmung der gewünschten Dosierung sagen uns Labortests, wie stark der jeweilige Extrakt ist, und dann ist es bei jedem Rezept eine einfache Divisionsrechnung. Wenn man die Extrakte zu Hause herstellt und keine Labortests machen kann, dann kann die Stärke der Extrakte so stark schwanken, dass man sich nie wirklich sicher sein kann, ob die berechnete Dosierung stimmt. Die folgenden Rezepte enthalten bestmögliche Schätzungen hinsichtlich der Dosierung, sind aber keineswegs exakt. Die Herstellung von Edibles zu Hause ist eine Mischung aus Kunst und Wissenschaft.

Um herauszufinden, wie die selbst hergestellten Extrakte auf dich wirken, ist es zielführend, ⅛ Teelöffel davon zu probieren und einzuschätzen, wie du dich nach einer Stunde fühlst. Wenn du nichts merkst, iss einen weiteren ⅛ Teelöffel und warte eine weitere Stunde. Das wiederholst du so oft, bis du die gewünschte Wirkung spürst. Am Ende notierst du, wie viel Extrakt du dazu gebraucht hast. Probiere diese Menge dann auf einmal aus, um zu überprüfen, ob sie noch passt. Sobald du weißt, wie viel deines Extrakts eine Speise enthalten muss, damit du high wirst, musst du die in den Rezepten angegebenen Mengen möglicherweise entsprechend reduzieren oder sogar anheben.

Bestimmung der Extraktkonzentration und Dosierung

Die Ermittlung der Dosierung ist schwierig, wenn man mit so vielen Variablen konfrontiert wird. Cannabis kann einen THC- oder CBD-Gehalt von 10–35 % oder mehr aufweisen. Im legalen Handel wird das Cannabis getestet und der prozentuale Anteil von THC und/oder CBD angegeben. 1 g Cannabis entspricht 1000 mg. Wenn man 15 %tiges Cannabis kauft, würde das bedeuten, dass das Produkt 150 mg THC enthält (ein Teil davon ist THCA und ein kleinerer Teil ist Delta-9-THC). In vielen Rezepten wird empfohlen, diese Menge einfach durch die Anzahl der hergestellten Edibles zu teilen. Diese Methode setzt jedoch voraus, dass die Decarboxylierung verlustfrei erfolgt und man 100 % des in der Pflanze enthaltenen THC gewinnt. Das ist schlichtweg unmöglich, es sei denn, man ist ein Meister der Extraktion oder man isst einfach die decarboxylierte Pflanzenmasse (igitt – nicht nur, dass das Einarbeiten von gemahlenem Cannabis in Brownies einen unangenehmen Chlorophyllgeschmack mit sich bringt, es kann auch zu Magenverstimmungen führen, da die enthaltenen Pflanzenfasern den Organismus reizen können).

Zunächst muss das Cannabis erhitzt werden (Decarboxylierung), wodurch eine geringe THC-Menge verloren geht. Anschließend erfolgt die Extraktion, die einen Verlust von etwa 10–30 % mit sich bringt. In beiden Schritten geht also THC verloren, insgesamt etwa 30–40 % der Cannabinoide. Trotz des Verlustes enthält 1 g 15 %iges Cannabis etwa 100 mg extrahiertes THC. Das ist genug, um zehn Stück essbare Leckereien mit je 10 mg THC herzustellen. Ein äußerst ergiebiger Wert.

ALLE GESCHÄTZTEN DOSIERUNGSANGABEN IN DIESEM BUCH WURDEN AUF DER GRUNDLAGE VON 15 %IGEM THC-CANNABIS ODER 15 %IGEM CBD-HANF (mit durchschnittlicher Qualität der Zuckerblätter und kleinen Knospen) BERECHNET.

So schätzt man den THC- oder CBD-Gehalt des Extrakts ab

Um den Gehalt an THC/CBD in einem Extrakt zu veranschlagen, verwendet man die unten stehende Gleichung. Man muss hierzu wissen, welche Menge an THCA das Ausgangs-Cannabis enthält. Die »Stärke« des fertigen Extrakts hängt davon ab, wie stark das THC/CBD in der Butter, dem Öl oder dem Alkohol verdünnt ist (Erfassungsrate), aber der THC-Gehalt bleibt gleich.

Erfassungsrate

- In Butter oder Öl 70–80 %
- In Alkohol 80 %

Menge THCA + vorhandenes THC pro Gramm (mg/g) × 0,877 (Decarboxylierungsrate)	=	umgewandeltes THC (mg/g) × 0,80 (Erfassungsrate)	=	THC-Gehalt insgesamt (mg/g)

Ein Beispiel:
1 g 15 %iges Cannabis enthält 150 mg THCA + vorhandenes THC; 1 g enthält:

150 mg THC × 0,877 (Decarboxylierungsrate)	=	131,55 mg THC × 0,80 (Erfassungsrate der Extraktion)	=	105,24 mg THC-Gehalt

Verwendung von gekauftem Cannabisöl-Extrakt

Wenn man sorgfältig geprüfte Cannabis-Extrakte oder CBD-Hanf-Extrakte kauft, kann man den Extraktionsprozess zu Hause überspringen.

Ich empfehle, ein CBD-Konzentrat in Form eines Isolatpulvers zu kaufen, das nur CBD und sehr wenig andere Substanzen enthält. Achte darauf, dass das produzierende Unternehmen die Produkte auf Schwermetalle und Pestizide testet und eine entsprechende Dokumentation zur Verfügung stellen kann. Bitte kaufe kein CBD in einem dubiosen Geschäft und auch kein »Hanföl«, das nur sehr wenig CBD enthält. Achte auf den CBD-Gehalt, der auf dem Etikett angegeben ist. Unter Umständen ist auf dem Etikett auch CBDA angegeben, die inaktive Form von CBD. Aufgepasst: Die Nachfrage nach hochwertigem CBD ist enorm gestiegen und die billigste Marke wird vermutlich nicht qualitativ hochwertig sein.

CBD-Konzentrat gibt es auch in Form von Cannabisöl. Die meisten Cannabisöl-Extrakte werden zu Inhalationszwecken verkauft und wurden nicht aktiviert. Prüfe die Etiketten und achte auf einen hohen Gehalt an Delta-9-THC ohne THCA, damit du auch wirklich einen aktivierten Extrakt bekommst.

Solltest du inaktives Cannabisöl erworben haben, solltest du wissen, dass es äußerst schwierig zu decarboxylieren ist. So funktioniert die Aktivierung:

Das Cannabisöl in einen hitzebeständigen Glas-Messbecher geben. Diesen in einen Topf mit Pflanzenöl stellen und auf 120 °C erhitzen. Achtung: Das Öl darf nicht über die Hälfte des Bechers ansteigen. Das Ölbad sorgt dafür, dass die Temperatur gleichmäßig verteilt wird. Auf kleiner Flamme köcheln lassen und das Ölbad auf 120 °C temperiert halten. Von Zeit zu Zeit mit einem kleinen Löffel oder einem Holzstäbchen umrühren. Dabei entstehen kleine Bläschen. 2–5 Stunden weiterkochen. Wenn beim Umrühren des Extrakts keine Bläschen mehr aufsteigen, ist er fertig. Auf diese Weise werden die Terpene ausgekocht; es schmeckt dann nicht mehr zum Rauchen, eignet sich aber hervorragend für Edibles. Es geht etwas Volumen verloren, daher sollte man mit mindestens 5 g Extrakt beginnen.

Mit dieser Gleichung kannst du ausrechnen, wie viel Cannabisöl du für deine Produkte verwenden solltest:

(gewünschte Stückzahl)
×
(gewünschter THC-Gehalt pro Stück)
÷
(Konzentration des Extrakts als ganze Zahl, üblicherweise etwa 80)
÷
10 (zur Umrechnung in Prozent)
=
Menge des benötigten Extrakts in Gramm

Ein Beispiel

Ich möchte 24 Kekse mit einem THC-Gehalt von 3 mg pro Stück und habe einen 80 %igen Extrakt gekauft, den ich decarboxyliert habe:

24 × 3 = 72
72 ÷ 80 = 0,9
0,9 ÷ 10 = 0,09 g Extrakt

Du siehst, man braucht gar nicht viel Cannabisöl! Das dickflüssige Cannabisöl bei der Herstellung von Edibles gleichmäßig zu verteilen, ist jedoch nicht so einfach. Entweder mengst du den Cannabis-Extrakt in das Fett, das im Rezept vorgesehen ist, oder du rührst ihn gleich zu Beginn in eine Flüssigkeit aus dem Rezept ein. Vor der Verwendung empfehle ich unbedingt, den Extrakt mit einem Föhn oder einer Heizpistole zu erwärmen, um ihn zu verflüssigen. Cannabisöl ist extrem klebrig, daher sollte es in kleinen Silikonschalen abgewogen werden.

HINWEIS
In diesem Buch werden die Extrakte in Butter, Öl oder Alkohol angerührt, wodurch sie sich bei der Umsetzung der Rezepte leichter verarbeiten lassen. Wenn du gekauften Extrakt verwendest, musst du die Cannabutter in den Rezepten durch normale Butter ersetzen.

Allgemeine Zubereitungstipps

Für die Herstellung von Edibles braucht man nicht wirklich viele spezielle Utensilien. Nur zwei Dinge empfehle ich zu besorgen: ein Zuckerthermometer und eine kleine digitale (metrische) Grammwaage. Beides ist preiswert und leicht zu finden. Falls man große Mengen herstellen möchte, sollte man eine Extraktionsmaschine oder sogar einen THC-Tester für zu Hause in Betracht ziehen. Diese Utensilien findet man online; die Technologie wird ständig optimiert und die Preise sind mit der zunehmenden Legalisierung von Cannabis gesunken.

Ich verwende einfache Backzutaten, die man in jedem Lebensmittelgeschäft oder Supermarkt finden kann. Außerdem bevorzuge ich hochwertige Schokolade und Kakaopulver – verwende das qualitativ beste, das du finden kannst.

Hab keine Angst vor dem Backen. Trotz aller warnenden Worte über exakte Maßeinheiten ist die Backkunst eigentlich recht unkompliziert. Sei nicht zu fixiert. Beim Backen verwandeln sich Mehl und Butter in herrliche Leckereien und selbst Anfänger sollten in der Lage sein, die folgenden Rezepte umzusetzen.

Ein Hinweis zur Dosierung

Alle Dosierungsangaben sind Schätzungen. Meine Rezepte wurden mit amerikanischer Butter getestet (die etwa 80 % Butterfett enthält). Buttersorten anderer Länder können 82 % Butterfett oder mehr enthalten, sodass die THC/CBD-Stärke bei der Verwendung solcher Buttersorten etwas höher sein kann als angegeben.

Los geht's

Um Lebensmittel mit Cannabis zu verfeinern, müssen wir die Cannabinoide aus der Pflanzenmasse extrahieren. An dieser Stelle gebe ich dir eine Reihe von einfachen Extraktionsmethoden an die Hand, die zu Hause durchgeführt werden können. Egal, welche Extraktionsmethode verwendet wird, das Cannabis muss zuallererst aktiviert (decarboxyliert) werden.

Schritt 1 Decarboxylierung

Wie man Cannabis und Hanf für den Verzehr aktiviert

Wenn du mit deinen Edibles psychoaktive Wirkungen erzielen möchtest, musst du zunächst ein Decarboxylierung genanntes Erhitzungsverfahren anwenden, um die THC-Wirkstoffe im Cannabis zu aktivieren. Analog dazu muss auch CBD-Hanf erhitzt werden, um die CBD-Wirkstoffe zu aktivieren. Es reicht also nicht aus, Cannabis in Backwaren zu geben und zu hoffen, dass es heiß genug wird, um die Wirkung zu entfalten. Die Kerntemperatur der Backwaren entspricht nicht der eingestellten Ofentemperatur – sie ist wesentlich niedriger. Aus diesem Grund wäre es auch äußerst schwierig, auf diese Weise das THC »auszukochen«. Alle, die behaupten, dies getan zu haben, haben ihr Cannabis wahrscheinlich noch nie aktiviert.

Je besser die Qualität vom verwendeten Cannabis oder Hanf ist, desto besser ist das Endprodukt. Ich verwende gerne kleine »Popcorn«-Knospen und Zuckerblätter für meine Extraktionen.

15 %iges Cannabis oder CBD-Hanf (Blüten und Zuckerblätter) (beliebige Menge)

Den Backofen auf 120 °C Ober-/Unterhitze vorheizen. Die Temperatur darf nicht überschritten werden, da sonst Cannabinoide verloren gehen können.

Das Cannabis oder den Hanf in kleine Stücke brechen oder grob mahlen (nicht zermahlen – kleine Stücke sollten noch sichtbar sein) und auf ein großes Stück Backpapier legen. Das Papier zu einem breiten, flachen Päckchen falten (wobei das Cannabis gut verteilt sein sollte) und alle Seiten mehrmals umklappen, um es zu verschließen.

Das Päckchen auf ein Backblech legen und 30 Minuten im Ofen backen, dabei das Päckchen alle 10 Minuten schütteln, damit sich der Inhalt vermischt, bis das Cannabis sehr trocken und leicht goldbraun ist. Es wird intensiv nach »Gras« riechen, benutze also einen Dunstabzug oder genieße einfach den Duft!

Verwende das so behandelte Cannabis bzw. den so behandelten Hanf für die Extraktionen wie im Folgenden beschrieben.

Schritt 2 Extraktionsverfahren

Cannabutter oder Kokosnussöl-Extrakt

Dies ist eine klassische Cannabisbutter-Extraktion mit einer zusätzlichen Wasserwäsche, um unangenehme Aromen zu entziehen. Für eine vegane Variante kann man Kokosöl nutzen; das Verfahren ist identisch. Ich verwende einen modernen, praktischen Reiskocher. Man kann die Extraktion auch in einem Topf auf dem Herd vornehmen, jedoch ist es schwierig, die sehr niedrige, gleichmäßige Hitze über einen so langen Zeitraum zu halten. Zudem muss man eventuell häufiger Wasser hinzugeben, da es schnell verdunstet.

HINWEIS

Der geschätzte Gehalt an THC im Extrakt geht von einer THC- oder CBD-Konzentration von 15 % im Ausgangsprodukt aus, einem Durchschnittswert für Cannabis zweiter Wahl oder Verschnitt. Wenn du die Stärke deines Cannabis kennst, kannst du anhand der unten stehenden Gleichung bestimmen, wie viel THC du gewinnen wirst.

- Die Erfassungsrate in Öl oder Butter beträgt etwa 70–80 %.
- 10 g Ausgangsprodukt enthält 1500 mg THC + THCA

1500 mg (THC + THCA)
×
0,877 (Decarboxylierungsrate)
=
1315 mg
×
0,80 (Erfassungsrate)
=
1052 mg THC

ERGIBT 225 G BUTTER ODER 250 ML KOKOSÖL |
THC-GEHALT ETWA 1,052 MG INSGESAMT/65 MG PRO EL/4,2 MG PRO ML

10 g Cannabis oder CBD-Hanf (kleine Blüten und getrimmte Zuckerblätter; Gewicht vor der Decarboxylierung), decarboxyliert wie auf Seite 16 beschrieben
275 g Butter ODER 250 ml Kokosöl

Die Zutaten zusammen mit 1 l Wasser in den Reiskocher geben und gut verrühren. Bei geöffnetem Deckel das Wasser zum Kochen bringen und dann auf niedriger Stufe köcheln lassen. Der Reiskocher sollte nun automatisch auf die Warmhaltefunktion umschalten, andernfalls muss dies manuell eingestellt werden. Auf niedrigster Stufe und bei offenem Deckel 3 Stunden köcheln lassen, dabei gelegentlich umrühren und den Wasserstand kontrollieren. Falls der Wasserstand zu niedrig wird, muss mehr Wasser nachgefüllt werden – es sollte mindestens 2,5 cm hoch reichen.

Bei der Zubereitung in einem Topf auf dem Herd gilt das Gleiche: Die Mischung zum Kochen bringen und dann 3 Stunden bei niedriger Temperatur köcheln lassen.

Nach 3 Stunden den Reiskocher ausschalten oder den Topf vom Herd nehmen und die Mischung etwa 30 Minuten abkühlen lassen.

Anschließend alles durch einen Kaffeefilter in eine Kanne oder ein Glasgefäß abseihen. Eine französische Kaffeepresse eignet sich ebenfalls hervorragend zum Abseihen. Das Cannabis auspressen und am Boden der Presse belassen, während die Butter (oder das Kokosöl) abkühlt. Es sollte sich eine Fettschicht bilden, die auf etwas eklig anmutendem Wasser schwimmt. Im Kühlschrank abkühlen lassen, bis sich das Fett verfestigt hat.

Den festen Block Fett herausnehmen und in einen kleinen Topf geben, das Wasser und alle pflanzlichen Rückstände entsorgen. Sollte die Mischung nicht fest genug geworden sein, einfach die Fettschicht herausschöpfen (es ist in Ordnung, wenn ein wenig Wasser dabei ist). Nochmals 1 l Wasser in den Topf geben und unter Rühren zum Kochen bringen (siehe Tipps). Die Mischung in eine Kanne oder ein Glasgefäß gießen und im Kühlschrank abkühlen lassen, bis das Fett wieder fest ist.

Wie zuvor das feste Fett in einen kleinen Topf geben und das Wasser sowie die pflanzlichen Rückstände entsorgen. Auf niedriger Stufe köcheln lassen, bis die Masse nicht mehr knistert und das gesamte Wasser verdampft ist. Durch einen Kaffeefilter oder ein sehr feines Sieb in ein sauberes Glasgefäß abseihen und verschließen. Alternativ nach dem Abseihen in Silikon-Eiswürfelformen füllen. Die Behältnisse deutlich mit Inhalt und Datum kennzeichnen.

Nun ist die Butter oder das Kokosöl verwendbar. Im Kühlschrank ist beides 1 Monat haltbar, eingefroren bis zu 1 Jahr. Die verschiedenen Cannabinoide können sich in Lagen absetzen. Unbedingt das Öl vor Gebrauch umrühren oder die Cannabutter in Würfel schneiden.

TIPPS

Gib nicht noch mehr Cannabis in die Butter oder das Öl, um sie bzw. es zu intensivieren – das Fett ist ab einem bestimmten Punkt mit THC gesättigt und weiteres THC kann nicht mehr gebunden werden. Du kannst aber die Zutaten des Rezepts multiplizieren, um so viel zu machen, wie in deinen Topf passt, oder dazu einen riesigen Reiskocher kaufen!

Durch das Mischen des bereits angereicherten Fetts mit Wasser werden Chlorophyll, Schmutz und Pflanzenstoffe aus dem Fett gewaschen. Die Cannabinoide sind an das Fett gebunden und nicht wasserlöslich. Die Farbe des Endprodukts sollte ein blasses goldgrünliches Gelb sein.

Green Dragon und konzentriertes Cannabisöl

Wenn man mal keine Butter oder Öl verwenden möchte, dann sind Tinkturen auf Alkoholbasis eine gute Alternative. Tatsächlich entscheiden sich viele große kommerzielle Nahrungsmittelhersteller dafür, einen feinen Nebel aus verdünntem Extrakt zur Dosierung auf die Edibles zu sprühen, anstatt das Cannabis in die Lebensmittel einzuarbeiten.

Diese einfache, konzentrierte Tinktur ist vielseitig einsetzbar und hat auch noch einen coolen Namen – Green Dragon. Du kannst sie auf so ziemlich alles auftragen, sie wie Vanilleextrakt in Backwaren verwenden, ein paar Tropfen in pikante Saucen oder Marinaden geben oder in Sirup einrühren, um damit Kuchen oder Brot zu bestreichen, und auch in Getränke geben. Schüttel ein paar gekaufte Gummibärchen in einem Einmachglas mit ein wenig Green Dragon und lass sie dann auf einem Stück Frischhaltefolie trocknen. Voilà! Schon hast du Cannabärchen. Man kann die Tinktur sogar pur trinken (Vorsicht, verdammt stark!).

Für diese Tinktur werden kleine Cannabis-Knospen zweiter Wahl verwendet, aber man kann auch Zuckerblätter und anderen Verschnitt dazu nehmen, und sie dürfte etwa 80 % oder mehr des THC/CBD des Ausgangsmaterials enthalten. In einem dunklen Schrank oder im Kühlschrank ist sie etwa 1 Jahr haltbar.

Darüber hinaus kann man den Alkohol von Green Dragon verdampfen lassen, um konzentriertes Cannabisöl zur Verwendung in Edibles oder Kapseln zu gewinnen; auch bekannt als FECO (Full-Extract Cannabis Oil), QWET (Quick Wash Ethanol) oder RSO (Rick Simpson Oil). Dies kann auf zwei Arten erreicht werden: durch Decarboxylierung vor der Extraktion oder durch Hitzezufuhr zur Entfernung des Alkohols nach der Extraktion. Die zweite Methode ist sehr leicht entzündlich und möglicherweise explosiv, daher stelle ich hier nur die erste Methode vor (siehe Tipp auf Seite 22).

ERGIBT 250 ML GREEN DRAGON | THC-GEHALT 45–50 MG PRO EL/3–3,3 MG PRO ML

7 g Cannabis oder CBD-Hanf (kleine Knospen; Gewicht vor der Decarboxylierung), decarboxyliert (siehe Seite 16)
250 ml Ethylalkohol in Lebensmittelqualität (mindestens 95 % Alkoholgehalt)

Das Cannabis in ein 1-l-Glasgefäß mit verschließbarem Deckel geben und mindestens 12 Stunden oder über Nacht in den Gefrierschrank stellen. Den Alkohol ebenso lange tiefkühlen.

Anschließend den Alkohol über das Cannabis gießen, bis es vollständig bedeckt ist, und vorsichtig umrühren. Das Glas wieder verschließen, kurz schütteln und 3 Stunden zurück in den Gefrierschrank stellen.

Aus dem Gefrierschrank nehmen und noch einmal kurz schütteln. Die Mischung durch einen Kaffeefilter in ein anderes Glasgefäß abseihen und das Cannabis im Kaffeefilter zusammendrücken, um so viel Flüssigkeit wie möglich zu gewinnen. Bei Bedarf die Flüssigkeit noch einmal filtern, um alle Rückstände zu entfernen, jegliches Pflanzenmaterial entsorgen. Die Flüssigkeit sollte eine klare, blasse grünlich goldene Farbe haben. Das Glas verschließen und mit Inhalt und Datum kennzeichnen. Bis zu 1 Jahr haltbar bei kühler, dunkler Lagerung. Vor Gebrauch schütteln.

TIPP
Möchtest du mit dieser Extraktionsmethode noch mehr machen? Du kannst auf Basis dieser Methode auch konzentriertes Cannabisöl herstellen, das in Edibles verwendet oder mit Kokosöl gemischt in Kapseln gefüllt werden kann. 7 g Cannabis ergeben etwa 0,5 g Cannabisöl mit einer THC-Konzentration von etwa 65–70 %. Dieses Öl ist hoch konzentriert. Es ist aber nicht besonders zum Rauchen in Form von Dabbing (Verdampfen und Inhalieren) geeignet, da die Terpene während der Decarboxylierung verdampfen und dabei eine Menge Geschmack verloren geht.

ACHTUNG: Beim nächsten Schritt können entzündliche Dämpfe auftreten. Daher solltest du an einem gut belüfteten Ort arbeiten (idealerweise draußen) und den Vorgang nicht unbeaufsichtigt lassen.

Die Green-Dragon-Tinktur wie zuvor beschrieben herstellen, aber anstelle des dreistündigen Einweichens einfach das Cannabis und den Alkohol im Glas schütteln und etwa 15 Minuten in den Gefrierschrank stellen. Nochmals schütteln, dann abseihen. Bei dieser »Blitzspülung« wird weniger Chlorophyll aufgenommen, was zu einer reineren Lösung führt und wodurch das Produkt auch besser schmeckt. Es wird zudem etwas weniger THC aufgenommen; daher kann man für die Herstellung von Edibles auch eine zweite Spülung vornehmen.

Die Green-Dragon-Tinktur in ein hitzebeständiges Glasgefäß füllen (kein Metall verwenden – das entstehende Öl lässt sich nur schwer davon abschaben und du möchtest sicher keine Metallpartikel in deiner Mixtur haben). An einem warmen Ort geschützt platzieren, abseits von potenziellen Zündquellen oder Flammen. NIEMALS auf den Herd stellen! Im Sommer kann man es nach draußen bringen oder an ein offenes Fenster stellen. Nun auf die Flüssigkeit einen kleinen Ventilator richten, sodass sich die Oberfläche leicht bewegt und eventuelle Dämpfe weggeblasen werden. Dadurch verdunstet der Alkohol sehr langsam. Wenn nur noch sehr wenig Flüssigkeit übrig ist (je nach Umgebungstemperatur nach mehreren Stunden), die gesamte Mischung in eine Ecke des Behälters schaben und diesen gekippt stehen lassen, damit sich die Flüssigkeit nicht wieder ausbreitet. Den Ventilator so lange darauf gerichtet weiterlaufen lassen (1 weitere Stunde oder länger), bis nur noch eine dünne Ölschicht von mittel- bis dunkelbrauner Farbe vorhanden ist. Es sollte etwa ¼–½ TL Öl ergeben. Das Öl abschaben (falls es zu klebrig ist, das Gefäß mit einem Föhn leicht erwärmen), in ein kleines Einmachglas geben und 24 Stunden ohne Deckel in den Kühlschrank stellen. Der restliche Alkohol sollte über Nacht verdampfen. Das Glas verschließen und mit Inhalt und Datum kennzeichnen. Im Kühlschrank oder an einem kühlen, dunklen Ort ist es bis zu 1 Jahr haltbar.

Cannabisöl ist extrem klebrig und erfahrungsgemäß schwer zu entfernen. Mit etwas Alkohol oder warmem Öl lässt sich der im Glasgefäß verbliebene Extrakt lösen. Verwende dasselbe Gefäß wieder, wenn du mehrere Portionen hintereinander herstellst, um weniger Öl zu verschwenden. Wegen der Alkoholdämpfe vermeide ich es, bei mir zu Hause mehr als 30 g auf einmal herzustellen.

Kekse

Kekse sind ein klassisches Cannabis-Gebäck. Jemand Lust auf Haschkekse? Da Kekse in der Regel Fett enthalten, können sich die Cannabinoide gleichmäßig im Gebäck verteilen. Ich empfehle, die Cannabutter oder das Cannabisöl gleich zu Beginn der Herstellung hinzuzufügen, so ist ein gründliches Vermischen mit der im Rezept vorgesehenen Butter bzw. den vorgesehenen Fetten möglich. Achte darauf, dass du die Masse an der Wand der Rührschüssel häufig abschabst, damit sich die Cannabinoide optimal im Teig verteilen.

Du kannst auch Green Dragon für deine Kekse verwenden, auch das solltest du zu Beginn der Herstellung zur Masse hinzufügen. Der Alkohol verdunstet beim Backen. Allerdings nicht zu viel Green Dragon hineingeben, da sich durch die Flüssigkeit die Konsistenz der Kekse verändert. Man kann auch einfach nach dem Backen ein wenig Green Dragon über die Kekse träufeln. Viel ist nicht nötig. Der Geschmack wird stark cannabislastig sein, da alles »Gras« konzentriert auf der Oberfläche verbleibt. Dafür kann man Green Dragon auf so ziemlich alles aufsprühen.

Möchtest du einen besonders hoch dosierten Keks, kannst du eine Kombination aus Green Dragon und Cannabutter verwenden, und zwar bis zu einer Menge von etwa 50 % der gesamten Butter im Rezept. Übrigens ist Cannabutter genau genommen eine geklärte Butter, das heißt, sie enthält weder Wasser noch Milchbestandteile, die normale Butter enthält. Für Kekse ist das meist nicht schlimm, doch wenn deine Kekse schwer oder ziemlich flach und fettig sind, solltest du die Menge an Cannabutter reduzieren.

Das Wichtigste für eine gleichmäßige Dosierung ist, dass die Kekse gleich groß portioniert werden. Ich verwende für Kekse häufig einen Portionierer mit Hebel- und Federmechanismus (vergleichbar mit einem kleinen Eisportionierer) oder forme den Teig zu einer Rolle, die vor dem Backen gleichmäßig in Scheiben geschnitten werden kann. Beim Portionieren sollte man auch darauf achten, dass alle Bestandteile des Teigs, wie Nüsse oder Schokolade, gleichmäßig verteilt sind. Viele Teige sind gut im Gefrierschrank haltbar; einfach einwickeln und einfrieren, und wann immer du ein paar leckere, warme, frische Kekse haben möchtest, kannst du Scheiben davon abschneiden und backen.

Shortbread mit Zuckerblättern

Falls du selbst anbaust, möchtest du bestimmt etwas von dem wunderbaren Trimm oder dem frischen Blütenverschnitt verwenden, bevor du es trocknest und konservierst. Dieses Rezept ist ein bisschen ungewöhnlich, weil es 1 g frisches Cannabis enthält. Ich mag den Geschmack von Cannabis – minzig, würzig, herb und sehr aromatisch. Diese Kekse werden wie »Gras« schmecken, also sei bereit für eine besondere Erfahrung. Hast du kein frisches Cannabis zur Verfügung, kannst du es durch Thymian, frische Minze oder Zitronen-, Limetten- oder Orangenabrieb ersetzen.

Frisches Cannabis ist reich an THCA; der Verzehr kann bei Übelkeit, Schmerzen und Arthritis helfen. Ich füge auch etwas aktiviertes THC hinzu. Wenn du nur die THCA-Wirkung in deinen Edibles haben möchtest, aber nicht die psychoaktiven Effekte, kannst du die Decarboxylierung in den Extrakten einfach weglassen. Das frische Cannabis wird beim Backen nicht aktiviert, sondern verleiht den Keksen einen wohltuenden Terpenduft.

Man kann außerdem 1 EL der normalen Butter durch 1 EL Cannabutter ersetzen, falls man eine höhere Dosierung wünscht.

ERGIBT 27 KEKSE | THC-GEHALT ETWA 4,8 MG PRO STÜCK

225 g weiche Butter plus etwas mehr zum Einfetten
2 EL (30 g) weiche Cannabutter (siehe Seite 18; etwa 130 mg THC)
150 g Zucker
1 EL Vanilleextrakt
½ TL Salz
1 EL (1 g) frische Zuckerblätter oder frische Cannabis-Blüten, fein gehackt
260 g Weizenmehl Type 405

Den Ofen auf 150 °C Ober-/Unterhitze vorheizen und eine quadratische Backform (20 cm) mit etwas Butter leicht einfetten. In der Schüssel eines Standrührgeräts mit Flachrühraufsatz Butter, Cannabutter, 100 g des Zuckers, Vanilleextrakt und Salz auf hoher Stufe etwa 5 Minuten cremig rühren. Auf niedriger Stufe weiterrühren und das frische Cannabis und dann nach und nach das Mehl hinzufügen. Etwa 1 Minute zu einem weichen Teig verrühren. Den Teig in die vorbereitete Form geben und die Oberfläche mithilfe einer Streichpalette glätten. Die restlichen 50 g Zucker über die gesamte Oberfläche gleichmäßig verteilen. 30–35 Minuten goldbraun backen.

Aus dem Ofen nehmen und 2–3 Minuten in der Form abkühlen lassen. Das noch warme Shortbread mit einem dünnen, scharfen Messer dritteln und dann jedes Drittel in neun Stücke schneiden. Mit einem Holzstäbchen bei jedem Stück ein paar Löcher in die Oberseite stechen. In der Form vollständig abkühlen lassen, dann mit dem Messer die Schnitte nachziehen und an den Rändern entlangschneiden, um das Gebäck zu lösen. Mit einem kleinen Spatel die Gebäckstücke einzeln aus der Form lösen.

In einem dicht verschlossenen Behälter ist das Shortbread bis zu 1 Monat haltbar, im Gefrierschrank bis zu 6 Monate. Den Behälter deutlich mit Inhalt und Datum kennzeichnen.

Sandwich-Kekse mit Dulce de Leche

Uruguay war das allererste Land der Welt, das Cannabis legalisiert hat. URUGUAY, HURRA! Ich war mal dort auf einer Geschäftsreise und stellte fest, dass das Land nicht nur fortschrittlich ist, sondern auch Karamell liebt. In jener Woche habe ich unvorstellbar viel Dulce de Leche gegessen. Die Creme kommt in Joghurt, auf Toast, in Gebäck, Kuchen, Kekse ... man findet sie einfach überall. Im Supermarkt fand ich einen ganzen Gang voll mit dem cremigen Milchkaramell. Himmlisch. Du kannst Dulce de Leche im Supermarkt kaufen oder gezuckerte Kondensmilch als Grundzutat verwenden, aber nichts ist vergleichbar mit einer selbst gemachten Creme. Wer es richtig machen will, sollte bedenken, dass die Herstellung von Dulce de Leche einige Stunden in Anspruch nimmt – plane also entsprechend Zeit ein.

ERGIBT 24 SANDWICH-KEKSE | THC-GEHALT ETWA 5,4 MG PRO STÜCK

200 g Weizenmehl Type 405
plus etwas mehr zum Bestauben
80 g Speisestärke plus 1 EL zusätzlich
1 TL Backpulver
¼ TL Natron
½ TL feines Meersalz
150 g weiche Butter
2 EL weiche Cannabutter
(siehe Seite 18; etwa 130 mg THC)
1 EL Vanilleextrakt
100 g brauner Zucker
2 große Eigelb

ZUM ZUSAMMENSETZEN
400 g Dulce de Leche
(oder du machst deine eigene – siehe unten)
50 g ungesüßte Kokosraspel, leicht geröstet (optional)

FÜR SELBST GEMACHTE DULCE DE LECHE (OPTIONAL)
1 l Vollmilch
300 g Zucker
1 Vanilleschote, der Länge nach aufgeschnitten
½ TL Natron

Den Ofen auf 180 °C Ober-/Unterhitze vorheizen. Zwei Backbleche mit Backpapier auslegen.

Mehl, Speisestärke, Backpulver, Natron und Meersalz in einer Rührschüssel vermengen, danach beiseitestellen.

Butter, Cannabutter, Vanilleextrakt und braunen Zucker in der Schüssel eines Standmixers mit Flachrühraufsatz etwa 3 Minuten auf mittlerer bis hoher Stufe zu einer geschmeidigen Masse verrühren. Reste der Masse von der Schüsselwand herunterschaben und das Eigelb hinzufügen, dann weitere 2 Minuten rühren. Erneut die Masse an der Schüsselwand herunterschaben, die Mehlmischung hinzufügen und auf niedriger Stufe etwa 2 Minuten gründlich zu einem Teig verrühren. Abdecken und 30 Minuten ruhen lassen.

Eine Arbeitsfläche leicht mit Mehl bestauben und den Teig 3 mm dick ausrollen. Mit einem runden Keksausstecher (4 cm Durchmesser) 48 Kekse ausstechen; Teig bei Bedarf erneut ausrollen. Die Kekse auf die vorbereiteten Backbleche legen und 8–10 Minuten leicht goldbraun backen. Etwa 5 Minuten auf den Blechen abkühlen lassen, dann auf einen Gitterrost legen und vollständig auskühlen lassen.

Zum Zusammensetzen der Kekse 1 gehäuften TL Dulce de Leche auf einen Keks geben und mit einem weiteren Keks bedecken. Wenn man Kokosraspel verwenden möchte, diese in eine flache Schüssel geben und die Ränder des Sandwich-Kekses in den Kokosraspeln wälzen.

Die Kekse sind in einem luftdichten Behälter bis zu 3 Tage im Kühlschrank haltbar. Den Behälter deutlich mit Inhalt und Datum kennzeichnen. Sie sollten am besten an dem Tag gegessen werden, an dem sie zusammengesetzt werden. Wenn du sie im Voraus zubereitest, setze sie erst kurz vor dem Servieren zusammen.

SELBST GEMACHTE DULCE DE LECHE (OPTIONAL)

Dulce de Leche selbst zu machen, erfordert viel Sorgfalt. Milchkaramell kann leicht anbrennen, daher mit sehr niedriger Temperatur und dem dickwandigsten Topf, der zur Verfügung steht, arbeiten und gut aufpassen. Sollte es doch einmal ein paar dunkle Klümpchen geben, nicht aufgeben – sie können am Ende herausgesiebt werden. Ist die Masse am Boden des Topfes angebrannt, zunächst das Karamell probieren. Wenn es nicht verbrannt schmeckt, in einen neuen Topf umfüllen, ohne vom Boden etwas abzuschaben.

Milch, Zucker und die aufgeschnittene Vanilleschote in einen großen, schweren Topf geben und auf niedrige bis mittlere Temperatur erhitzen. Zum Köcheln bringen und rühren, bis sich der Zucker vollständig aufgelöst hat (etwa 3 Minuten). Das Natron hinzufügen, umrühren und die Temperatur stark reduzieren. 1 Stunde köcheln lassen, dabei häufig umrühren und den entstehenden Schaum abschöpfen und wegschütten. Die Vanilleschote herausnehmen, das verbliebene Mark auskratzen und zu der Masse geben. Weitere 1–2 Stunden bei sehr niedriger Temperatur köcheln lassen, dabei häufig umrühren, bis die Mischung eine dunkle Karamellfarbe annimmt und eingedickt ist. Die Masse durch ein feines Sieb abseihen und zum Abkühlen in ein Glasgefäß gießen. Verschließen und im Kühlschrank bis zu 1 Monat aufbewahren. Dies ergibt mehr, als für das Rezept benötigt wird.

Icebox-Cookies mit Himbeeren

Mit gefriergetrockneten Beeren ist es ganz leicht, Keksen auf natürliche Weise Geschmack und Farbe zu verleihen. In diesem Fall trifft ein rosa Beerenteig auf Vanille- und Schokoladenteig und es entstehen herrliche Eisbox-Kekse. Du kannst sie in Scheiben schneiden und sofort backen oder im Gefrierschrank aufbewahren, damit sie jederzeit einsatzbereit sind. Diese Kekse eignen sich auch besonders gut für die Feiertage.

ERGIBT 36 KEKSE | THC-GEHALT ETWA 2,7 MG PRO STÜCK

28 g Bitterschokolade (mindestens 70 % Kakaoanteil), grob zerkleinert
300 g Weizenmehl Type 405
¾ TL Backpulver
½ TL feines Meersalz
175 g weiche Butter
300 g Zucker
2 EL Green Dragon (siehe Seite 20; etwa 100 mg THC)
1 TL Vanilleextrakt
2 große Eigelb
½ TL natürlicher Himbeerextrakt
2 EL gefriergetrocknetes Himbeerpulver (oder gefriergetrocknete Himbeeren, zermahlen und durch ein Sieb streichen, um Kerne zu entfernen)

Die Schokolade in einer Schüssel über einem Topf mit leicht köchelndem Wasser (wobei der Boden der Schüssel das Wasser nicht berühren darf) bei niedriger Temperatur schmelzen. Alternativ kann man die Schokolade auch in 20-Sekunden-Intervallen auf höchster Stufe in der Mikrowelle schmelzen. Anschließend vom Herd nehmen und an einem warmen Ort beiseitestellen.

In einer Rührschüssel Mehl, Backpulver und Salz vermischen und beiseitestellen.

In der Schüssel eines Standrührgeräts mit Flachrühraufsatz Zucker, Green Dragon und Vanilleextrakt 2 Minuten auf mittlerer Stufe verrühren, bis alles gründlich vermengt ist. Reste der Masse von der Schüsselwand herunterschaben, dann das Eigelb hinzufügen und 1 Minute verrühren. Erneut die Masse an der Schüsselwand herunterschaben, die Mehlmischung hinzufügen und 1 weitere Minute zu einem glatten Teig rühren.

Den Teig aus der Schüssel nehmen und in drei Portionen teilen. Eine Portion mit Frischhaltefolie oder einem sauberen Geschirrtuch abdecken und beiseitestellen. Dies ist der Vanilleteig.

Ein Teigstück wieder in das Rührgerät geben, den Himbeerextrakt und das Himbeerpulver hinzufügen und etwa 2 Minuten auf niedriger Stufe verrühren, bis der Teig zartrosa ist. Herausnehmen und zusammen mit dem Vanilleteig abgedeckt beiseitestellen.

Die letzte Teigportion in das Rührgerät geben, die abgekühlte geschmolzene Schokolade hineinträufeln und auf niedriger Stufe etwa 2 Minuten vermengen, bis der Teig schokoladig braun ist. Auf die Arbeitsfläche zusammen mit den anderen Teigstücken geben.

Halbiere jede der drei Teigportionen und rolle dann aus jedem Stück einen dicken Strang mit einer Länge von etwa 12 cm. So erhält man sechs Teigstränge, zwei von jeder Farbe. Nimm einen von jeder Farbe und drehe die drei Stränge zusammen, um einen marmorierten und verwirbelten dicken Teigstrang zu formen. Diesen Vorgang mit den verbleibenden drei Strängen wiederholen, sodass schließlich zwei dicke marmorierte Rollen entstehen.

Jede Teigrolle auf ein Stück Frischhaltefolie legen, in die Folie einrollen und die Enden verdrehen. Dann auf der Arbeitsfläche einige Male vorsichtig vor- und zurückrollen, bis der Teig etwa 5 cm breit und 12 cm lang ist. Mindestens 8 Stunden oder über Nacht im Kühlschrank ruhen lassen.

Der Teig ist im Kühlschrank bis zu 1 Woche oder im Gefrierschrank bis zu 1 Monat haltbar. Er kann gefroren in Scheiben geschnitten und sofort aufgebacken werden.

Zum Backen den Ofen auf 180 °C Ober-/Unterhitze vorheizen und zwei Backbleche mit Backpapier auslegen.

Mit einem dünnen, scharfen Messer jede gekühlte Teigrolle in 5 mm dicke Scheiben schneiden. Diese auf die vorbereiteten Backbleche legen und 10–12 Minuten backen, bis die Keksränder gerade beginnen, braun zu werden. Etwa 5 Minuten auf den Blechen abkühlen lassen, dann auf ein Kuchengitter legen und vollständig auskühlen lassen.

Die gebackenen Kekse sind in einem luftdichten Behälter bis zu 5 Tage bei Zimmertemperatur haltbar. Den Behälter deutlich mit Inhalt und Datum kennzeichnen.

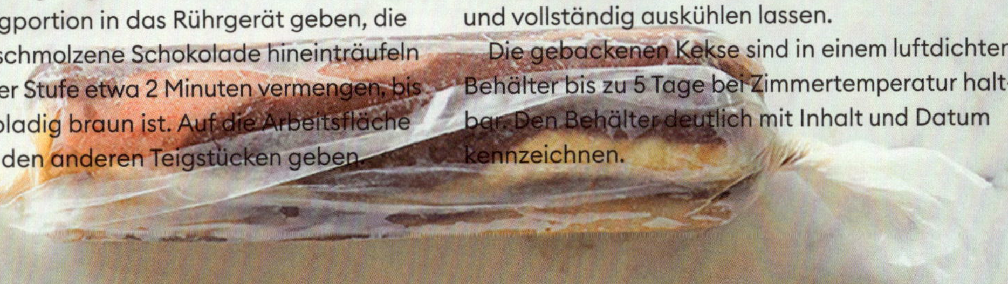

Rauchige S’mores

Den klassische Lagerfeuer-Leckerbissen in Form eines Keksriegels – da braucht es gar kein Lagerfeuer. Die S’mores-Riegel entführen dich mithilfe der geheimen Zutat, einiger Tropfen Flüssigrauch, zurück in den Wald. Verrückt? Ja! Aber ich wette, du wirst sie lieben. Wer kein geräuchertes Meersalz auftreiben kann, nimmt einfach normale Meersalzflocken.

ERGIBT 32 RIEGEL | THC-GEHALT ETWA 4 MG PRO STÜCK

Backspray zum Einfetten
175 g weiche Butter
2 EL weiche Cannabutter (siehe Seite 18; etwa 130 mg THC)
1 EL Vanilleextrakt
⅛ TL Flüssigrauch
1 EL geräuchertes Meersalz plus etwas mehr zum Garnieren (optional)
150 g Rohrzucker
165 g brauner Zucker
2 Eier Größe L
200 g Weizenmehl Type 405
1 TL Backpulver
120 g Milchschokolade, grob gehackt
120 g Bitterschokolade (mindestens 70 % Kakaoanteil), grob gehackt
80 g Mini-Marshmallows
9 Vollkornkekse (Digestives), in kleine Stücke gebrochen (etwa 120 g)

Den Ofen auf 180 °C Ober-/Unterhitze vorheizen und ein tiefes Backblech (23 × 32 cm) oder eine hitzebeständige Glasbackform mit Backspray einfetten.

Butter, Cannabutter, Vanilleextrakt, Flüssigrauch, geräuchertes Meersalz und Zucker in der Schüssel eines Standrührgeräts mit Flachrühraufsatz 3 Minuten auf mittlerer Stufe schaumig rühren. Reste der Masse von der Schüsselwand herunterschaben, dann die Eier einzeln hinzufügen und nach jeder Zugabe 30 Sekunden vermengen. Erneut die Masse an der Schüsselwand herunterschaben, dann Mehl und Backpulver hinzugeben und zu einem homogenen Teig verrühren. Teigreste von der Wand herunterschaben, dann die Schokoladenstückchen, Marshmallows und Vollkornkekse hinzufügen und nur kurz vermengen.

Den Teig in die vorbereitete Form geben, dabei darauf achten, dass alle Zutaten gleichmäßig verteilt sind. Dann 25–30 Minuten backen, bis sie durchgebacken, aber in der Mitte noch ein wenig weich sind.

Aus dem Ofen nehmen und, falls gewünscht, mit etwas zusätzlichem Rauchsalz bestreuen. In der Form abkühlen lassen und zum Schluss in 32 gleichmäßige Stücke schneiden.

Luftdicht verschlossen bis zu 3 Tage bei Zimmertemperatur oder bis zu 3 Monate im Gefrierschrank haltbar. Den Behälter deutlich mit Inhalt und Datum kennzeichnen.

Peanut Butter Blossom Cookies

Diese glutenfreien Kekse kommen mit nur wenigen Zutaten aus und schmecken dennoch köstlich – ganz ohne Mehl! Am besten eignet sich dafür natürliche Erdnussbutter ohne Zusatz von Öl oder Stabilisatoren. Ich verwende gerne cremige Erdnussbutter, aber die stückige Variante funktioniert genauso gut, falls du sie gerade zur Hand hast.

ERGIBT 36 KEKSE | THC-GEHALT ETWA 2,7 MG PRO STÜCK

500 g Erdnussbutter
2 EL Green Dragon (siehe Seite 20; etwa 100 mg THC)
1 EL Vanilleextrakt
½ TL feines Meersalz
2 TL Natron
2 Eier Größe L
500 g Zucker
150 g Himbeerkonfitüre (oder eine andere Sorte nach Belieben)

Den Ofen auf 180 °C Ober-/Unterhitze vorheizen und drei Backbleche mit Backpapier auslegen.

Erdnussbutter, Green Dragon, Vanilleextrakt, Salz und Natron in der Schüssel eines Standrührgeräts mit Flachrühraufsatz 1–2 Minuten glatt rühren. Reste der Masse von der Schüsselwand herunterschaben, dann die Eier einzeln hinzufügen und jeweils unterrühren. Erneut die Reste der Masse von der Schüsselwand herunterschaben, dann 400 g des Zuckers hinzufügen und den Teig auf mittlerer Stufe 1–2 Minuten zu einem geschmeidigen Teig verrühren.

Die restlichen 100 g Zucker in eine kleine Schüssel geben. Aus dem Teig 2,5 cm große Kugeln formen und im Zucker wälzen. Die Teigkugeln mit einem Abstand von 5 cm auf die vorbereiteten Backbleche legen. Etwas flach drücken und mit dem Daumen eine Mulde in jede Kugel drücken (nicht ganz durchdrücken). Jede Mulde mit 1 TL Konfitüre füllen. Die Cookies 8–10 Minuten im Ofen backen. Die Kekse danach 5 Minuten auf den Blechen, dann auf einem Kuchengitter vollständig auskühlen lassen.

In einem luftdichten Behälter zwischen Lagen von Wachspapier oder Backpapier sind die Kekse bis zu 3 Tage bei Zimmertemperatur haltbar. Den Behälter deutlich mit Inhalt und Datum kennzeichnen.

Edle Haferkekse

Haferkekse werden häufig verkannt. Ich vermute, dass viele Menschen die bittere Erfahrung gemacht haben, zuerst zu denken: »Hey, ein Schokoladenkeks!«, um dann beim Reinbeißen auf Rosinen zu stoßen. Rosinen und Schokolade sind einfach nicht vergleichbar. Daher ist es nicht zu verübeln, wenn Menschen Haferkeksen mit Skepsis begegnen. Ich habe mir vorgenommen, es anders zu machen, indem ich den Keksen einen Hauch von Gewürzen, viel Trockenobst und nicht heimlich Rosinen hinzufüge. Ein Hauch von Honig bewirkt, dass du mehrere Tage länger als üblich leckere weiche Kekse genießen kannst (Honig hält die Feuchtigkeit in der Backware).

ERGIBT 18 KEKSE | THC-GEHALT ETWA 3,6 MG PRO STÜCK

75 g weiche Butter
1 EL weiche Cannabutter (siehe Seite 18; etwa 65 mg THC)
55 g brauner Zucker
3 EL Zucker
1 Ei Größe L
1 TL Vanilleextrakt
½ TL feines Meersalz
¼ TL Natron
¼ TL gemahlener Zimt
¼ TL gemahlene Muskatnuss
70 g Weizenmehl Type 405
75 g kernige Haferflocken
120 g gemischtes Trockenobst: Aprikosen, Mango, Preiselbeeren, Heidelbeeren, Kirschen (was immer du magst oder vorrätig hast)

Butter, Cannabutter, Zucker, Ei, Vanilleextrakt und Meersalz in der Schüssel eines Standrührgeräts mit Flachrühraufsatz auf mittlerer bis hoher Stufe 2–3 Minuten glatt und cremig rühren. Reste der Masse von der Schüsselwand herunterschaben und weitere 1–2 Minuten verrühren, um die Cannabutter optimal zu verteilen.

In einer kleinen Schale Natron, Zimt und Muskatnuss mit dem Mehl vermischen und dann zur Masse im Rührgerät geben. Auf niedriger Stufe alles 1–2 Minuten gut vermengen. Erneut die Masse an der Schüsselwand herunterschaben, dann Haferflocken und Trockenfrüchte hinzufügen und weitere 1–2 Minuten zu einem homogenen Teig verrühren.

Den Teig in Frischhaltefolie wickeln und etwa 30 Minuten in den Kühlschrank stellen. Dadurch werden die Kekse schön saftig und behalten beim Backen ihre Form.

In der Zwischenzeit den Ofen auf 180 °C Ober-/Unterhitze vorheizen und zwei Backbleche mit Backpapier auslegen.

Den Teig zu 18 Kugeln mit einem Durchmesser von etwa 2,5 cm formen. Diese mit einem Abstand von etwa 5 cm auf die vorbereiteten Backbleche legen. 8–10 Minuten backen, bis sie aufgegangen und goldgelb, aber in der Mitte noch weich sind. Die Kekse 5 Minuten auf den Blechen, danach auf einem Kuchengitter vollständig abkühlen lassen.

In einem luftdichten Behälter zwischen Lagen von Wachspapier oder Backpapier 5 Tage bei Zimmertemperatur haltbar oder bis zu 3 Monate im Gefrierschrank. Den Behälter deutlich mit Inhalt und Datum kennzeichnen.

TIPP

Der Teig ist eingewickelt im Kühlschrank 1 Woche haltbar. Er eignet sich auch hervorragend zum Einfrieren. Den Teig dazu in Backpapier einwickeln, in eine Plastiktüte stecken, fest verschließen und beschriften. Im Gefrierschrank ist er so bis zu 3 Monate haltbar. Wann immer du leckere frische Kekse haben möchtest, schneidest du einfach ein Stück Teig ab und lässt ihn bei Zimmertemperatur nur so lange antauen, bis der Ofen vorgeheizt ist.

Dreifach-Schokoladen-Cookie für Geduldige

Was macht einen Schokoladenkeks noch leckerer? Noch mehr Schokolade und »Gras« hinzufügen.

Für diese Kekse benötigt du ein wenig Geduld, weil sie über Nacht ruhen müssen, bis das Mehl und der Kakao die Feuchtigkeit im Teig aufgenommen haben, sonst wird der Teig zu weich. Allerdings lohnt sich die Geduld – die Kekse sind sensationell schokoladig, mit einem weichen Kern und knusprigem Rand.

ERGIBT 15 GROSSE KEKSE ODER 30 KLEINE KEKSE | THC-GEHALT ETWA 8,6 MG PRO GROSSEM ODER 4,3 MG PRO KLEINEM KEKS

120 g weiche Butter
2 EL Cannabutter (siehe Seite 18; etwa 130 mg THC)
165 g hellbrauner Zucker
100 g Zucker
1 Ei Größe L
2 TL Vanilleextrakt
230 g Weizenmehl Type 405
2 EL Backkakao (Pulver)
¾ TL Natron
¾ TL Backpulver
¾ TL feines Meersalz
175 g Bitterschokolade (mindestens 70 % Kakaoanteil), grob gehackt
175 g Vollmilchschokolade, grob gehackt
1 TL grobe Meersalzflocken

Butter, Cannabutter und Zucker in der Schüssel eines Standrührgeräts mit Flachrühraufsatz auf mittlerer bis hoher Stufe etwa 3 Minuten glatt und cremig rühren. Masse an der Schüsselwand herunterschaben, das Ei und den Vanilleextrakt hinzufügen und weitere 2 Minuten verrühren.

In einer mittelgroßen Schale Mehl, Kakaopulver, Natron, Backpulver und feines Meersalz vermengen, dann zur Masse im Rührgerät geben. Auf niedriger Stufe 1–2 Minuten alles gut verrühren. Zum Schluss die Schokoladenstückchen hinzufügen und zu einem homogenen Teig verrühren.

Den Teig in Frischhaltefolie wickeln und mindestens 8 Stunden oder über Nacht kalt stellen.

Vor dem Backen den Ofen auf 180 °C Ober-/Unterhitze vorheizen und zwei Backbleche mit Backpapier auslegen.

Den Teig zu 30 Kugeln mit einem Durchmesser von etwa 2,5 cm oder zu 15 kleineren Kugeln mit einem Durchmesser von etwa 1 cm formen. Die Kugeln mit einem Abstand von etwa 5 cm auf die vorbereiteten Backbleche legen und mit den Meersalzflocken bestreuen. 8–10 Minuten backen, bis sie aufgegangen und goldgelb, aber in der Mitte noch weich sind. Die Kekse 5 Minuten auf den Blechen abkühlen lassen, anschließend auf einem Kuchengitter vollständig auskühlen lassen.

Am besten isst man die Kekse noch am Backtag, bevor die Schokolade fest wird. Ich backe am liebsten immer nur ein paar auf einmal und bewahre den Rest des Teigs eingefroren auf (siehe Tipp). Die fertigen Kekse sind in einem luftdichten Behälter 3 Tage bei Zimmertemperatur oder bis zu 3 Monate im Gefrierschrank haltbar. Den Behälter deutlich mit Inhalt und Datum kennzeichnen.

TIPP

Der Teig ist eingewickelt im Kühlschrank 1 Woche haltbar. Er eignet sich auch hervorragend zum Einfrieren. Den Teig dazu in Backpapier einwickeln, in eine Plastiktüte stecken, fest verschließen und beschriften. Im Gefrierschrank ist er so bis zu 3 Monate haltbar. Wann immer du leckere frische Kekse haben möchtest, schneidest du einfach ein Stück Teig ab und lässt ihn bei Zimmertemperatur nur so lange antauen, bis der Ofen vorgeheizt ist.

Salzige Karamellschnitten

Diese klassische australische Leckerei ist bereits ein Traum, doch für manche ist sie vielleicht zu süß. Meersalzflocken gleichen die Süße aus und verleihen meinem Lieblingsgebäck noch ein wenig mehr Knusprigkeit. Die Cannabutter steckt bei diesem Rezept im Boden. Wenn du eine stärkere Dosierung möchtest, kannst du bis zu drei Esslöffel Green Dragon in das Karamell geben, während es köchelt (denk daran, dass Green Dragon leicht entzündlich ist, daher ist Vorsicht am Herd angesagt!).

ERGIBT 24 SCHNITTEN | THC-GEHALT ETWA 5,4 MG PRO STÜCK

FÜR DEN BODEN
Backspray zum Einfetten
2 EL Butter
2 EL Cannabutter (siehe Seite 18; etwa 130 mg THC)
1 TL Vanilleextrakt
100 g Weizenmehl Type 405
50 g feine Kokosraspel
55 g brauner Zucker

FÜR DIE KARAMELLSCHICHT
120 g Butter
90 g Zuckerrübensirup
800 ml gezuckerte Kondensmilch
1 TL flockiges Meersalz

FÜR DEN GUSS
175 g Bitterschokolade (mindestens 70 % Kakaoanteil), gehackt
1 EL Kokosöl
2 TL grobe Meersalzflocken

Den Ofen auf 180 °C Ober-/Unterhitze vorheizen und eine quadratische Backform (20 × 20 cm) mit Backpapier auslegen sowie mit Backspray einsprühen.

Zuerst den Boden zubereiten. Butter, Cannabutter und Vanilleextrakt in einem kleinen Topf bei mittlerer Temperatur unter Rühren schmelzen.

In einer großen Rührschüssel Mehl, Kokosraspel und braunen Zucker vermischen. Die geschmolzene Buttermischung über die Mehlmischung geben und so lange rühren, bis alles gut vermengt ist und ein feuchter Streuselteig entsteht.

Diesen gleichmäßig in die vorbereitete Backform drücken und 15 Minuten backen.

In der Zwischenzeit das Karamell zubereiten. Butter, Zuckerrübensirup, gezuckerte Kondensmilch und Salz in einen großen Topf geben und bei mittlerer bis niedriger Temperatur unter ständigem Rühren zum Kochen bringen. Die Masse 2 Minuten unter weiterem Rühren köcheln lassen und darauf achten, dass sie nicht am Topfboden ansetzt. Sobald die Konsistenz schön cremig ist und die Masse eine blassgoldene Farbe annimmt, vom Herd nehmen, aber warm halten.

Nach der Backzeit den Boden aus dem Ofen nehmen und sofort mit dem warmen Karamell überziehen. Die Backform mit Folie abdecken und weitere 18–22 Minuten backen, bis die Karamellschicht goldbraun ist und sich an den Rändern Blasen bilden.

Die Folie abnehmen und die Form zum Abkühlen auf ein Kuchengitter stellen.

Wenn der Boden fast abgekühlt ist, den Guss zubereiten. In einem Simmertopf (oder in einer Schüssel über einem Topf mit leicht köchelndem Wasser, wobei der Schüsselboden das Wasser nicht berühren darf) bei niedriger Temperatur die Schokolade zusammen mit dem Kokosöl unter Rühren vollständig schmelzen.

Den Schokoladenguss auf die Karamellschicht geben und mit einer kleinen Streichpalette gleichmäßig verteilen.

Mit Meersalzflocken bestreuen und mindestens 30 Minuten abkühlen und fest werden lassen.

Nach dem Abkühlen mit einem scharfen Messer die Teigplatte in 24 gleichmäßige Stücke schneiden. Sofort verzehren oder in einem luftdichten Behälter im Kühlschrank bis zu 1 Woche aufbewahren. Den Behälter deutlich mit Inhalt und Datum kennzeichnen.

Cookies mit marmorierter Aktivkohle-Glasur

Diese Kekse erinnern eher an kleine Kuchen als an Kekse und sind » Amerikanern« nachempfunden. Ich liebe Abwechslung, deshalb haben diese Kekse eine Marmorglasur. Mit Aktivkohle wird die schwarze Glasur noch intensiver.

ERGIBT 14 KEKSE | THC-GEHALT ETWA 4,6 MG PRO STÜCK

135 g Weizenmehl Type 405
½ TL feines Meersalz
¼ TL Natron
¼ TL Backpulver
60 ml Buttermilch
1 ½ TL Vanilleextrakt
¼ TL Mandelextrakt
3 EL weiche Butter
1 EL weiche Cannabutter (siehe Seite 18; etwa 65 mg THC)
100 g Zucker
1 Ei Größe L

FÜR DIE GLASUREN

1,5 g Puderzucker plus etwas mehr nach Bedarf
2 EL weiche Butter
3 EL Zuckerrübensirup oder heller Maissirup plus etwas mehr nach Bedarf
1 TL Vanilleextrakt
⅛ TL feines Meersalz
2–3 TL heißes Wasser, nach Bedarf
40 g Bitterschokolade, geschmolzen und etwas abgekühlt
½ TL Aktivkohle-Pulver (optional)
40 g weiße Schokolade, geschmolzen und etwas abgekühlt

Den Ofen auf 180 °C Ober-/Unterhitze vorheizen und zwei Backbleche mit Backpapier auslegen.

Mehl, Salz, Backpulver und Natron in einer großen Schüssel vermengen. Beiseitestellen.

In einer kleinen Schale die Buttermilch, den Vanille- und den Mandelextrakt verrühren. Beiseitestellen.

Butter, Cannabutter und Zucker in der Schüssel eines Standrührgeräts mit Flachrühraufsatz etwa 5 Minuten auf mittlerer bis hoher Stufe schaumig rühren. Die Reste der Masse von der Schüsselwand herunterschaben, das Ei hinzufügen und alles gründlich verrühren. Auf niedriger Stufe die Hälfte der Mehlmischung und danach die Hälfte der Buttermilchmischung unterrühren. Den Vorgang mit der restlichen Mehl- und Buttermilchmischung wiederholen und bei Bedarf Teig von der Schüsselwand herunterschaben. Etwa 1 Minute rühren, bis der Teig einem dicken Pfannkuchenteig gleicht.

14 gehäufte EL des Teigs auf die vorbereiteten Backbleche mit einem Abstand von jeweils 5 cm geben. 10–12 Minuten backen, bis sie aufgegangen und blassgoldbraun sind (sie werden wie kleine Kuppeln aussehen).

10 Minuten auf den Backblechen abkühlen lassen, dann mit der flachen Seite nach oben auf ein Kuchengitter stürzen, unter dem ein Backblech liegt, und vollständig auskühlen lassen.

In der Zwischenzeit die Glasuren vorbereiten. Den Puderzucker in eine mittelgroße Schüssel sieben, dann Butter, Zuckerrübensirup, Vanilleextrakt und Salz einrühren. Weiterrühren, bis eine sehr dicke, aber glatte Masse entsteht. Bei Bedarf teelöffelweise etwas heißes Wasser hinzufügen. Die Hälfte der Masse in eine andere Rührschüssel geben.

Für die schwarze Glasur die geschmolzene Bitterschokolade mit dem Schneebesen in eine Hälfte der Zuckermasse einrühren, bis alles gut vermischt ist. Falls gewünscht, nun die Aktivkohle hinzufügen. Die Konsistenz der Glasur sollte dick und halb flüssig sein.

Für die weiße Glasur die geschmolzene weiße Schokolade in die verbleibende Zuckermischung rühren. Bei Bedarf 1 weiteren EL gesiebten Puderzucker einrühren, bis eine ähnliche Konsistenz wie bei der schwarzen Glasur entsteht. Ist die Glasur zu dickflüssig, fügt man noch ein wenig Sirup hinzu.

Die Kekse nacheinander verzieren. Einen kleinen Löffel von jeder Glasur auf die flache Seite jedes Gebäcks geben und anschließend die Glasuren mit einem Löffel oder einer Mini-Streichpalette vorsichtig miteinander verwirbeln. Nicht übertreiben, sonst sieht es wie Matsch aus. Man kann auch mit einem Zahnstocher oder einer Gabel durch die Glasuren ziehen. Die Kekse zum Trocknen der Glasur wieder auf das Gitter zurücklegen. Eventuell tropft ein wenig Glasur an den Seiten herunter, die man aber mit einem Spatel entfernen kann. Etwa 1 Stunde trocknen lassen, bis die Glasur vollständig ausgehärtet ist.

Noch am selben Tag servieren oder in einem luftdichten Behälter im Kühlschrank bis zu 3 Tage aufbewahren. Den Behälter deutlich mit Inhalt und Datum kennzeichnen.

Knusprige Blaubeer-Baisers

Diese leichten und knusprigen Baisers sind schnell zubereitet und ohne Weizen, für Freunde mit Glutenunverträglichkeit. Ich verwende für dieses Rezept Blaubeerkonfitüre, aber jede andere glatte Konfitüre ist ebenfalls geeignet. Außerdem bestaube ich die Baisers vor dem Backen gerne mit gefriergetrocknetem Beerenpulver, um ihnen einen zusätzlichen Geschmacks- und Farbakzent zu verleihen. Achte darauf, dass du gefriergetrocknetes Obst verwendest und nicht nur dehydriertes – die Früchte müssen kross sein, damit sie zu Pulver zermahlen werden können. Du kannst die Baisers je nach Motto eines Festes farblich anpassen, indem du die Konfitüre und das Pulver entsprechend auswählst. Was hältst du zum Beispiel von Pfirsichkonfitüre und Brombeerpulver oder Minzgelee und Erdbeerpulver?

ERGIBT ETWA 60 BAISERS | THC-GEHALT ETWA 1,6 MG PRO STÜCK

2 Eiweiß, zimmerwarm
¼ TL Weinstein-Backpulver
⅛ TL feines Meersalz
2 EL Green Dragon (siehe Seite 20; etwa 100 mg THC insgesamt)
100 g Zucker
3 EL Blaubeerkonfitüre, glatt gerührt
2 EL gefriergetrocknetes Blaubeerpulver (oder gefriergetrocknete Blaubeeren, in der Küchenmaschine zermahlen und gesiebt)

Den Ofen auf 110 °C Ober-/Unterhitze vorheizen und zwei bis drei Backbleche mit Backpapier auslegen.

In der Schüssel eines Standrührgeräts mit Schneebesenaufsatz das Eiweiß, das Weinstein-Backpulver und das Salz auf mittlerer bis hoher Stufe schlagen, bis sich zarte Spitzen bilden. Während das Gerät weiterläuft, den Green Dragon und dann nach und nach den Zucker hinzufügen. 6–8 Minuten weiterschlagen, bis sich feste Spitzen bilden. Die Masse sollte sehr dick und glänzend sein, und wenn der Schneebesen aus der Masse herausgehoben wird, sollte sie steif aufragen; biegen sich die Spitzen nach unten, ist die Masse nicht steif genug.

Eine Hälfte der Masse in eine Rührschüssel umfüllen und beiseitestellen. Die Blaubeerkonfitüre zur restlichen Baisermasse geben und vorsichtig unterheben, um sie zu marmorieren. Die beiseitegestellte weiße Baisermasse hinzufügen und mithilfe eines Gummispatels vorsichtig unterheben. Die Farben sollen sich nicht komplett vermischen, sondern nur ineinander verlaufen, sodass sich dunklere und hellere Schlieren abzeichnen.

Die Baisermasse vorsichtig in einen Spritzbeutel mit einer weiten Sterntülle füllen. Auf die vorbereiteten Backbleche 3,5 cm große Baisersterne auftragen. Die Sterne sollten marmoriert aussehen, aber keine Sorge, wenn sie komplett gemischt oder einfarbig weiß oder blau sind – sie schmecken in jeder Farbe gut. Mit einem kleinen Sieb das gefriergetrocknete Blaubeerpulver fein über die Sterne stauben.

Im vorgeheizten Backofen 2–3 Stunden trocknen, bis sie knusprig und vollständig getrocknet sind. Die Zeit variiert stark, je nach Leistung des Ofens bei niedriger Temperatur. Herausnehmen und abkühlen lassen (wenn sie heiß sind, sind sie noch leicht klebrig). Abschließend prüfen, ob sie rundum knusprig sind.

Die Baisers aus dem Ofen nehmen und auf den Backblechen vollständig auskühlen lassen, dann vom Backpapier lösen und sofort in einen luftdichten Behälter füllen. Diesen deutlich mit Inhalt und Datum kennzeichnen. Innerhalb von 2 Tagen verzehren, da sie recht schnell weich werden. Bei Bedarf kann man sie im Ofen bei 110 °C Ober-/Unterhitze 10–15 Minuten wieder knusprig aufbacken.

Zart schmelzende Brownies

Hier kommt einer der Klassiker unter den Cannabis-Edibles: der Brownie. Bitterschokolade passt gut zu Cannabis und überdeckt den grasigen Geschmack. Die Brownies lassen sich auch gut mitnehmen und aufbewahren. Falls du mal deine Freunde in die Tiefen des Weltalls katapultieren willst, kannst du die Brownies mit etwa 36,2 mg THC pro Stück zubereiten. Ersetze dazu die gesamte Butter in diesem Brownie-Rezept durch Cannabutter, gib zwölf gewürfelte Meersalz-Karamellen (siehe Seite 120) auf den ungebackenen Teig und verteile vor dem Backen noch eine große Handvoll gehackter Pekannusskerne darauf.

ERGIBT 24 BROWNIES | THC-GEHALT ETWA 10,9 MG PRO STÜCK

120 g Butter plus etwas mehr zum Einfetten (optional)
60 g Cannabutter (siehe Seite 18; etwa 262 mg THC insgesamt)
350 g Bitterschokolade (mindestens 70 % Kakaoanteil), grob gehackt
230 g brauner Zucker
150 g Zucker
1 TL feines Meersalz
4 Eier Größe L
2 TL Vanilleextrakt
100 g Weizenmehl Type 405

Den Ofen auf 180 °C Ober-/Unterhitze vorheizen und eine tiefe Backform (23 × 32 cm) mit Butter oder Backspray einfetten.

Die beiden Buttersorten in einem schweren Topf bei niedriger Temperatur schmelzen, dann die gehackte Schokolade einrühren. Wenn die Schokolade annähernd geschmolzen ist, den Zucker und das Salz unterrühren. Vom Herd nehmen und etwas abkühlen lassen. Die noch nicht geschmolzene Schokolade schmilzt durch die Restwärme.

In einer großen Schüssel die Eier schaumig schlagen, dann den Vanilleextrakt dazugeben. Die warme Schokoladenmischung mit dem Schneebesen unterrühren (die Schokolade darf nicht zu heiß sein und man sollte sie mit den Fingerspitzen problemlos berühren können). Das Mehl langsam einrühren, bis alles gut vermischt ist und keine Mehlklumpen mehr vorhanden sind. Nicht zu lange und stark rühren.

Den Teig in die vorbereitete Form füllen und 20–25 Minuten backen, bis die Oberseite glänzt und erste leichte Risse bildet. In der Form abkühlen lassen und dann in 24 quadratische Stücke (etwa 5 × 5 cm) schneiden.

Brownies schmecken am nächsten Tag noch besser und lassen sich gut aufbewahren. In einem luftdichten Behälter aufbewahrt sind sie im Kühlschrank bis zu 1 Woche oder im Gefrierschrank bis zu 3 Monate haltbar. Den Behälter deutlich mit Inhalt und Datum beschriften.

Pistazien-Teegebäck

In vielen Ländern der Welt werden verschiedenste Variationen von Teegebäck hergestellt. Im Wesentlichen ist es ein buttriges Mürbegebäck, das mit Puderzucker bestaubt wird, solange es noch warm ist. Der Zucker absorbiert dabei etwas von der Butter und umgibt die Kekse auf magische Weise mit einer Art Zuckerglasur. Ich verwende für die Kekse Pistazien, aber du kannst genauso gut Walnüsse, Mandeln, Pekannüsse oder andere Nüsse deiner Wahl dafür nehmen. Um den Keksen einen zusätzlichen Kick zu geben, besprühe ich sie mit Rosenwasser – das verleiht ihnen eine himmlische, blumige Note. Rosenwasser ist in Naturkostläden, indischen oder orientalischen Märkten erhältlich.

ERGIBT 24 GEBÄCKSTÜCKE | THC-GEHALT ETWA 2,7 MG PRO STÜCK

170 g Butter, gebräunt und abgekühlt (siehe Tipp – dies ergibt etwa 150 g gebräunte Butter)
1 EL Cannabutter (siehe Seite 18; etwa 65 mg THC)
40 g Puderzucker
1 großes Eigelb
¼ TL feines Meersalz
¼ TL Natron
¼ TL Backpulver
1 EL Vanilleextrakt
330 g Weizenmehl Type 405
65 g Pistazienkerne, fein gehackt und geröstet

ZUM ABRUNDEN
120 g Puderzucker
Rosenwasser, in einem Zerstäuber (optional)

Den Ofen auf 180 °C Ober-/Unterhitze vorheizen und drei Backbleche mit Backpapier auslegen.

In der Schüssel eines Standrührgeräts mit Flachrühraufsatz Butter, Cannabutter und 40 g Puderzucker auf hoher Stufe 15 Minuten verrühren, bis die Masse nahezu weiß und sehr schaumig ist. Masse an Schüsselwand und Boden entlang abschaben, um zu gewährleisten, dass sie vollständig vermischt wird. Eigelb, Salz, Backpulver, Natron und Vanilleextrakt hinzufügen und 1 Minute auf mittlerer Stufe rühren. Reste der Masse von der Schüsselwand herunterschaben, das Mehl hinzugeben und auf niedriger Stufe langsam untermengen. Zum Schluss die gehackten Pistazien hinzufügen und 1–2 Minuten unterrühren, bis ein geschmeidiger Teig entsteht. Diesen in Frischhaltefolie oder in ein Geschirrtuch einwickeln und 30 Minuten bei Zimmertemperatur ruhen lassen.

Anschließend aus dem Teig 24 kleine Kugeln mit einem Durchmesser von etwa 2 cm formen und auf zwei der vorbereiteten Backbleche verteilen. 12–15 Minuten backen, bis sie butterig duften und leicht goldbraun sind.

In der Zwischenzeit das verbleibende Backblech mit der Hälfte des Puderzuckers bestreuen und zur Seite stellen.

Das fertige Gebäck aus dem Ofen nehmen und sofort mit etwas Rosenwasser bestauben. Nur 1 Minute abkühlen lassen, dann die noch heißen Kekse mit einem flachen Spatel auf das gezuckerte Backblech geben. Den restlichen Puderzucker darübersieben, damit das Gebäck vollständig umhüllt wird. Die Kekse vollständig auskühlen lassen und bei Bedarf erneut mit Puderzucker bestauben oder darin wälzen. Sie sollten gänzlich mit reichlich Zucker bedeckt sein. Vor dem Servieren den überschüssigen Zucker vorsichtig abklopfen.

Das Teegebäck kann man sehr gut aufbewahren. In einem luftdichten Behälter ist es bei Zimmertemperatur bis zu 1 Woche oder im Gefriergerät bis zu 3 Monate haltbar. Den Behälter deutlich mit Inhalt und Datum beschriften.

TIPP

Ich bereite gerne braune Butter für diese Kekse zu, da sie dem relativ einfachen Rezept eine weitere, intensive Geschmacksnuance verleiht. Sie unterstreicht den Cannabis-Geschmack und mildert gleichzeitig den »grasigen« Geschmack ab. Braune Butter ist abgedeckt im Kühlschrank bis zu 4 Wochen haltbar.

Die Butter in einem schweren Topf bei mittlerer Temperatur schmelzen. Unter Rühren weiter erhitzen, bis sie aufschäumt. Nach 3–5 Minuten wird sie sich allmählich wieder setzen, leicht nussig riechen und die Milchfeststoffe fangen an, braun zu werden. Sobald die Butter goldbraun ist, vom Herd nehmen und in eine hitzebeständige Schüssel gießen. Auf Zimmertemperatur abkühlen lassen, dann umrühren, um die gebräunten Anteile zu verteilen. Die Butter nun nach Rezept verwenden oder in den Kühlschrank stellen.

Weiche Ingwer-Gewürzkekse

Diese leckeren weichen Ingwer-Kekse aus frischem und getrocknetem Ingwer haben einen würzigen Geschmack, der durch Cannabis und etwas schwarzen Pfeffer als »Geheimzutat« verstärkt wird. Der schwarze Pfeffer enthält Caryophyllen – ein Terpen, das auch in Cannabis vorkommt und für seine schmerzlindernden Eigenschaften bekannt ist. Dieses Terpen sorgt für das euphorische Gefühl, das man nach dem Verzehr von superscharfem Essen hat. Aber keine Sorge – dies sind keine hochgradig scharfen Kekse. Sie sind für den Fall gedacht, dass du dich nicht 100 %ig wohlfühlst, denn sie wärmen dich von innen, und zudem ist Ingwer dafür bekannt, Magenbeschwerden zu lindern. Iss also ruhig ein paar mehr davon!

ERGIBT 30 KEKSE | THC-GEHALT ETWA 2,1 MG PRO STÜCK

120 g weiche Butter
1 EL Cannabutter (siehe Seite 18; etwa 65 mg THC)
225 g brauner Zucker
1 Ei Größe L
2 EL geschälter und gehackter Ingwer
60 ml Melasse
300 g Weizenmehl Type 405
1 TL gemahlener Ingwer
2 TL Natron
½ TL gemahlener Zimt
½ TL gemahlene Muskatnuss
¼ TL feines Meersalz
¼ TL fein gemahlener schwarzer Pfeffer
100 g Zucker

Den Ofen auf 180 °C Ober-/Unterhitze vorheizen und drei Backbleche mit Backpapier auslegen.

Butter, Cannabutter und braunen Zucker in der Schüssel eines Standrührgeräts mit Flachrühraufsatz auf mittlerer bis hoher Stufe 2–3 Minuten glatt und cremig rühren. Reste der Masse von der Schüsselwand herunterschaben, dann das Ei, frischen Ingwer und Melasse hinzufügen und 1–2 Minuten verrühren. Es macht nichts, wenn die Masse in diesem Stadium etwas geronnen aussieht. Erneut an der Schüsselwand herunterschaben. Zuletzt Mehl, Gewürze, Salz und Pfeffer hinzufügen und auf niedriger Stufe 1–2 Minuten zu einem glatten Teig rühren.

Den Teig in Frischhaltefolie wickeln und etwa 30 Minuten kalt stellen. Dadurch werden die Kekse schön saftig und behalten beim Backen ihre Form.

Den Zucker in eine flache Schale geben. Den Teig in 30 Kugeln mit einem Durchmesser von etwa 2,5 cm aufteilen und jede Kugel rundum im Zucker wälzen. Die Kugeln mit einem Abstand von etwa 5 cm auf die vorbereiteten Backbleche legen. 9–11 Minuten backen, bis die Kekse aufgegangen sind und anfangen, oben Risse zu bekommen. In der Mitte sollten sie aber noch etwas weich sein.

Die Kekse 5 Minuten auf den Blechen abkühlen lassen, anschließend auf einem Kuchengitter vollständig auskühlen lassen. Sie werden beim Abkühlen flacher.

In einem luftdichten Behälter zwischen Lagen von Wachspapier oder Backpapier sind sie 3–5 Tage bei Zimmertemperatur oder bis zu 3 Monate im Gefrierschrank haltbar. Den Behälter deutlich mit Inhalt und Datum kennzeichnen.

TIPP

Der eingewickelte Teig ist im Kühlschrank 1 Woche haltbar und eignet sich auch hervorragend zum Einfrieren. Den Teig dazu in Backpapier einwickeln, in eine Plastiktüte stecken, fest verschließen und kennzeichnen. Im Gefrierschrank ist er so bis zu 3 Monate haltbar.

Tarteletten, Pies und Teigtaschen

Pies, Tartes und Teigtaschen sind für den »Gras«-Bäcker eine besondere Herausforderung. Wo soll das Cannabis hin? In den Teig oder in die Füllung? Wenn ich überlege, wie ich das Cannabis dosieren soll, frage ich mich, wie Menschen etwas essen. Viele essen zum Beispiel das ganze Gebäckstück, aber manche lassen große Stücke des Teigs auf dem Teller zurück. Bei den meisten Tartes, Pies und Teigtaschen gebe ich daher das Cannabis in die Füllung. Im Teig verwende ich manchmal etwas Cannabutter.

Ich arbeite mit zwei Teigsorten: einem altmodischen Blätterteig mit Eigelb und Apfelessig und einem süßen Mürbeteig. Wenn ich Pies, Tarteletten oder Teigtaschen mache, stelle ich immer die doppelte Menge Teig her und friere die Hälfte ein. Wenn ich den Teig immer griffbereit habe, geht alles viel schneller.

Viele dieser Rezepte enthalten Vorschläge für alternative Zutaten. Wenn du etwa keine Äpfel, aber Birnen oder Pfirsiche zur Hand hast, sollte dich das nicht davon abhalten zu backen. Ich möchte dir Anregungen zum Nachbacken geben und du sollst dann deinen eigenen Ideen freien Lauf lassen. Da es hier um einzelne kleine Gebäckstücke geht, kommt es nicht zu den Problemen mit der Konsistenz, die etwa bei einer großen gedeckelten Tarte oder einer Torte auftreten können, und man braucht sich auch keine Gedanken über zu saftige Früchte oder das Verhältnis von Bindemitteln zu machen.

Nun zur Dosierung: Immer alles gut vermischen und gleich große Gebäckstücke und gleiche Füllmengen herstellen. Mit Portionierern und anderen Hilfsmitteln ist das ganz einfach (und wenn du viel backst, hast du wahrscheinlich schon eine ganze Reihe von Portionierern zur Hand). Ich mache oft Mini-Tartes in Muffinbackblechen und nicht in Mini-Tarte-Förmchen; damit lässt es sich leichter arbeiten und man kann eine größere Menge auf einmal machen.

Mini-Minz-Tartes

Schokolade und Minze passen perfekt zu Cannabis-Aromen. In meiner Bäckerei stellen wir Minzplätzchen her und diese Mini-Tartes haben einen ähnlichen Geschmack: Bitterschokolade und eine weiße Schokoladencremefüllung mit leichtem Minzgeschmack. Verwende hochwertige weiße Schokolade, keine weiße Kuvertüre, die eigentlich gar keine Schokolade ist. Für eine kühle Erfrischung im Sommer kannst du die Tartes auch einfrieren.

ERGIBT 12 MINI-TARTES | THC-STÄRKE ETWA 10,8 MG PRO STÜCK

FÜR DEN TEIG

175 g Zartbitter-Kekskrümel
1 EL Cannabutter (siehe Seite 18; etwa 65 mg THC), geschmolzen
3 EL Butter, geschmolzen
1 TL Vanilleextrakt

FÜR DIE FÜLLUNG

175 g gezuckerte Kondensmilch
60 ml grüner Pfefferminzlikör
1 EL Cannabutter (siehe Seite 18; etwa 65 mg THC)
¼ TL feines Meersalz
275 g hochwertige weiße Schokolade, fein gehackt
250 g Crème double

ZUM GARNIEREN

120 g Vollmilchschokolade, zu Löckchen geraspelt (siehe Tipp)

Zuerst den Teig vorbereiten. Die Kekskrümel in eine Rührschüssel geben. In einer separaten kleinen Schale die geschmolzene Butter mit dem Vanilleextrakt vermischen und dann die Buttermischung über die Kekskrümel träufeln. Mit den Fingerspitzen oder einem Löffel gründlich vermengen.

Jeweils etwa 2 EL der Krümelmischung in zwölf Mini-Tarte-Förmchen (6 cm Durchmesser) geben oder ein Muffinblech verwenden; die Krümel fest an den Boden und die Seiten drücken, damit eine Tarte-Schale entsteht. Beiseitestellen.

Für die Füllung Kondensmilch, Pfefferminzlikör, Cannabutter und Salz in einem großen Topf bei mittlerer bis niedriger Temperatur zum Köcheln bringen. Vom Herd nehmen, die weiße Schokolade hinzufügen und gut verrühren, bis sie geschmolzen ist. Beiseitestellen und auf Zimmertemperatur abkühlen lassen.

Wenn die Schokoladenmischung abgekühlt ist, die Crème double mit einem Handrührgerät oder mit einem Schneebesen steif schlagen. Ein Drittel der Schokoladenmischung unter die geschlagene Creme heben, danach auch den Rest der Mischung.

Die Füllung gleichmäßig in die Tarte-Schalen verteilen. Mit gehobelten Milchschokoladen-Löckchen bestreuen und mindestens 3 Stunden in den Kühlschrank stellen, bis die Masse fest ist. Innerhalb von 2 Tagen servieren oder bis zu 1 Woche einfrieren. Deutlich mit Inhalt und Datum kennzeichnen.

TIPP

Um Schokoladen-Löckchen zu machen, kann man einen Gemüseschäler verwenden und die Schokolade auf ein mit Backpapier ausgelegtes Backblech hobeln. Wenn sich die Schokolade nicht hobeln lässt und krümelig aussieht, in ein Stück Frischhaltefolie einwickeln und einige Minuten in den Händen halten oder an einen leicht warmen Ort stellen. Die Schokolade lässt sich besser formen, wenn sie nicht zu kalt ist.

Dattel-Pekannuss-Tarteletten

Möchtest du etwas Gesundes, das aber trotzdem absolut köstlich ist? Diese kleinen Tartes sind so herrlich cremig, dass du gar nicht auf die Idee kommst, dass sie auch noch gesund sein könnten. Sie sind vegan, glutenfrei, naturbelassen und proteinreich. Ich verwende Cannabis-Kokosöl sowohl für den Teig als auch für die Füllung. Wenn das Rezept für dich nicht vegan sein muss, kannst du auch Green Dragon (siehe Seite 20) oder Cannabutter (siehe Seite 18) verwenden.

ERGIBT 24 MINI-TARTES | THC-GEHALT ETWA 5,4 MG PRO STÜCK

FÜR DIE FÜLLUNG
100 g Pekannusskerne
150 g entsteinte Datteln
120 ml Kokosöl
75 ml Vollfett-Kokosmilch, je nach Bedarf auch mehr
1 EL Cannabis-Kokosöl (siehe Seite 18; etwa 65 mg THC)
1 EL Vanilleextrakt
½ TL feines Meersalz

FÜR DEN TEIG
100 g Pekannusskerne
125 g ungesüßte Kokosraspel
3 EL Agavendicksaft, je nach Bedarf auch mehr
1 EL Cannabis-Kokosöl (siehe Seite 18; etwa 65 mg THC)
1 TL Vanilleextrakt

ZUM VERZIEREN
1 EL Backkakao (Pulver)

Die Pekannusskerne für die Füllung in eine Schüssel mit kaltem Wasser geben und 1–3 Stunden einweichen lassen. Abgießen und gründlich abspülen, dann erneut abgießen. Parallel dazu die Datteln in 60 ml heißem Wasser einweichen, dann abgießen. Beiseitestellen.

Für den Teig die nicht eingeweichten Pekannusskerne in einen Hochleistungsmixer geben und fein hacken.

Kokosraspel, Agavendicksaft, Cannabis-Kokosöl und Vanilleextrakt hinzufügen und in Intervallen mixen, bis ein krümeliger Teig entsteht. Ist er zu trocken, etwas mehr Agavendicksaft hinzugeben.

Den Teig mit einem Esslöffel in 24 Mini-Tarte-Förmchen oder ein Mini-Muffinblech geben und fest an den Boden und die Seiten drücken, um die Tarte-Schalen herzustellen. Beiseitestellen.

Für die Füllung die abgetropften, eingeweichten Pekannusskerne und Datteln zusammen mit allen anderen Zutaten der Füllung in die Küchenmaschine geben und zu einer glatten Masse zerkleinern. Das dauert einige Minuten. Bei Bedarf noch einen Spritzer Kokosmilch hinzufügen, bis die Masse eine Puddingkonsistenz annimmt.

Die Füllung in einen Spritzbeutel füllen und in die Tarte-Schalen geben (oder mit einem Löffel einfüllen). Mit Kakaopulver bestauben und mindestens 1 Stunde in den Kühlschrank stellen, bis die Masse fest ist.

In einem luftdichten Behälter im Kühlschrank bis zu 3 Tage haltbar. Kokosöl hat einen niedrigen Schmelzpunkt, daher sollten die Tarteletten nicht zu warm werden, sonst fallen sie auseinander! Deutlich mit Inhalt und Datum kennzeichnen.

Himbeer-Rhabarber-Streusel-Tarteletten

Diese Mini-Streusel-Tartes sind eine einfach zubereitete und fruchtige Leckerei. Der säuerliche Rhabarber wird in dünne Scheiben geschnitten und mit Konfitüre zu einer simplen Fruchtfüllung vereint. Du kannst diese Küchlein mit jedem Obst, das du gerade vorrätig hast, zubereiten, aber manche Früchte brauchen wahrscheinlich nicht den zusätzlichen Zucker, den der Rhabarber benötigt. Die Streuselmasse kann im Voraus zubereitet und im Kühlschrank oder Gefrierfach aufbewahrt werden, um die Tarteletten bei Bedarf zusammenzusetzen und zu backen.

ERGIBT 24 MINI-TARTES | THC-GEHALT ETWA 5,4 MG PRO STÜCK

Backspray zum Einfetten
60 g frischer Rhabarber, in dünne Scheiben geschnitten
150 g Himbeerkonfitüre
1 EL Zucker
120 g weiche Butter
2 EL Cannabutter (siehe Seite 18; etwa 130 mg THC)
1 TL Vanilleextrakt
75 g Haferflocken
170 g Weizenmehl Type 405
25 g gemahlene Mandeln oder Mandelmehl
115 g brauner Zucker
½ TL Natron
½ TL feines Meersalz

Den Ofen auf 160 °C Ober-/Unterhitze vorheizen und ein Mini-Muffinblech gründlich mit Backspray einsprühen.

In einer Rührschüssel den in Scheiben geschnittenen Rhabarber mit der Himbeerkonfitüre und dem Zucker vermischen. Beiseitestellen.

In einem kleinen Topf die Butter und die Cannabutter bei niedriger Temperatur schmelzen, dann den Vanilleextrakt hinzufügen und sorgfältig verrühren. Beiseitestellen.

In einer großen Rührschüssel Haferflocken, Mehl, gemahlene Mandeln, braunen Zucker, Natron und Salz gleichmäßig vermischen. Die geschmolzene Butter über die trockenen Zutaten träufeln und mit den Händen oder einem Löffel zu einem krümeligen Teig verarbeiten.

Etwa 1 ½–2 EL des Streuselteigs in jedes Förmchen geben, dabei etwa 5 EL der Masse für den Belag der Tarteletten zurückhalten. Den Teig mit den Fingerspitzen in die Förmchen drücken und Tarte-Schalen herstellen. Etwa 2 TLder Fruchtfüllung in jede Tarte-Schale geben, dann etwas von den übrigen Streuseln darüber verteilen.

18–20 Minuten backen, bis die Fruchtmasse Blasen wirft und die Streusel goldbraun sind. Sofort servieren oder im Kühlschrank bis zu 3 Tage oder im Gefrierfach bis zu 3 Monate aufbewahren. Deutlich mit Inhalt und Datum kennzeichnen.

Grapefruit-Tarteletten mit Karamellaroma

Sie sind auffällig hübsch, knusprig und weich zugleich, und sie haben einen intensiven Geschmack: leicht bitter, aber mit einem Hauch von cremiger weißer Schokolade. Das Rösten der Grapefruit verleiht der Creme zudem eine leichte Karamellnote. Ich kandiere auch gerne lange Zesten der Grapefruit (genau wie bei den kandierten Karottenkringeln auf Seite 97, indem ich die Schale so lange in Sirup koche, bis sie glasig wird) und serviere ein paar davon neben den Tarteletten.

ERGIBT 8 TARTES | THC-GEHALT ETWA 8,1 MG PRO STÜCK

8 gebackene Tartelette-Schalen (eine halbe Portion des Rezepts auf Seite 139)
120 g weiße Schokolade, geschmolzen
1 Portion Grapefruitcreme mit Karamellaroma (siehe Seite 136; etwa 65 mg THC)

FÜR DAS BAISER-TOPPING

2 TL Speisestärke in 1 EL Wasser aufgelöst
3 große Eiweiß
75 g Zucker
1 Prise feines Meersalz

ZUM ANRICHTEN

kandierte Grapefruit-Zesten (optional – siehe Zubereitung auf Seite 97)

Den Backofen auf 200 °C Ober-/Unterhitze vorheizen.

Für das Baisertopping 60 ml Wasser in einem kleinen Kochtopf zum Kochen bringen. Die Speisestärke einrühren und etwa 1 Minute bei mittlerer Temperatur unter Rühren kochen, bis die Flüssigkeit klar ist. Vom Herd nehmen und beiseitestellen.

In der Schüssel eines Standrührgeräts mit Schneebesenaufsatz das Eiweiß etwa 1 Minute schaumig schlagen. Die Geschwindigkeit erhöhen und unter anhaltendem Rühren den Zucker hineinrieseln lassen, etwa 2 Minuten weiterrühren, bis die Masse sehr dick und glänzend ist. Das Salz und die Stärkemischung hinzufügen und 1 weitere Minute steif schlagen.

Wenn der Schneebesen aus der Schüssel genommen wird, sollten Spitzen des Eischnees nach oben ragen; sinken sie nach unten, ist das Eiweiß nicht steif genug. Allerdings darf das Eiweiß auch nicht zu steif geschlagen werden, sonst fällt der Baiserschaum zusammen. Die Masse sollte dick und glänzend sein, wie Marshmallows. Sollte sie trocken und fast geronnen aussehen, ist sie zu steif, dann entsorgen und von vorne beginnen.

Die gebackenen Tartelette-Schalen auf ein Backblech legen und die Innenseite jeweils mit etwas geschmolzener weißer Schokolade bestreichen. Beiseitestellen und etwa 3 Minuten antrocknen lassen.

Jede Tartelette mit etwa 2 EL der Grapefruitcreme füllen, anschließend die Baisermasse daraufgeben. Dafür kann man einen Löffel verwenden, sodass ein grober Schaumbelag mit vielen Spitzen entsteht, oder man kann einen Spritzbeutel mit einer geraden Tülle für ein gleichmäßiges, modernes Design verwenden. Es muss auch nicht das gesamte Baiser verarbeitet werden, es bleibt ganz dir überlassen, wie viel Topping auf die Tarteletten soll. Das Baiser sollte jedoch unbedingt zu den Rändern jeder Tarte-Schale reichen, damit die Füllung beim Backen nicht herausquillt.

8–10 Minuten backen, bis die Baiserspitzen goldbraun sind.

Sofort servieren oder abgedeckt bis zu 3 Tage im Kühlschrank aufbewahren (allerdings kann das Baiser beim Aufbewahren zerlaufen). Deutlich mit Inhalt und Datum kennzeichnen.

Mini-Nektarinen-Pies

Mit diesem Rezept kannst du aus fast jedem Obst Mini-Pies ohne Teigdeckel backen. Dank der kurzen Backzeit und des urigen Looks muss man sich keine Gedanken über das Verhältnis von Verdickungsmitteln oder die Zuckermenge machen. Es genügt, nur so viel Zucker zu verwenden, dass die Früchte schön glänzen, und etwas Speisestärke, damit der Saft gebunden wird. Du musst nicht viel Obst schnippeln oder einen aufwendigen großen Pie backen – du kannst einfach diese kleinen Köstlichkeiten genießen. Probiere auch mal Blaubeeren mit etwas Orangenschale oder Erdbeeren mit einem Hauch von Rosenwasser aus.

ERGIBT 9 MINI-PIES | THC-GEHALT ETWA 7,2 MG PRO STÜCK

Backspray zum Einfetten
4 EL Demerara-Zucker
2 TL Speisestärke
2 Nektarinen (etwa 165 g), in 5 mm große Stücke gewürfelt
1 EL Cannabutter (siehe Seite 18; etwa 65 mg THC), geschmolzen
1 Portion Blätterteig (siehe Seite 138)
Weizenmehl Type 405 zum Bestauben
1 EL Milch oder Sahne zum Bestreichen

Den Ofen auf 180 °C Ober-/Unterhitze vorheizen und ein Muffinblech mit etwas Backspray einsprühen.

In einer kleinen Schale 2 EL Demerara-Zucker mit der Speisestärke vermischen. Beiseitestellen.

Die gewürfelten Nektarinen in eine Rührschüssel geben. Mit der geschmolzenen Cannabutter beträufeln und vorsichtig unterheben, dann die Zucker-Maisstärke-Mischung darüberstreuen und alles gut vermengen. Beiseitestellen.

Den Teig auf einer leicht bemehlten Fläche 3 mm dick ausrollen und daraus neun Kreise mit einem Durchmesser von 13 cm ausschneiden. Teigreste nach Bedarf neu ausrollen. Die Kreise in die Muffinformen geben, sodass sie jeweils eine Mulde bilden und die Ränder überstehen.

Die Nektarinenfüllung erneut vermengen, dann 2 EL der Füllung in jede Teigschale geben. Den restlichen Buttersud aus der Rührschüssel schaben und auf die Pies verteilen. Die oberen Ränder des Teigs locker umklappen, sodass die Mini-Pies oben offen bleiben. Das Gebäck dünn mit Milch oder Sahne bestreichen, dann mit den restlichen 2 EL Demerara-Zucker bestreuen.

15–18 Minuten backen, bis die Nektarinenmasse Blasen wirft und die Kruste goldbraun ist. Ein paar Minuten im Muffinblech abkühlen lassen, dann vorsichtig auf ein Kuchengitter stürzen und vollständig auskühlen lassen.

Sofort servieren oder bis zu 2 Tage im Kühlschrank aufbewahren. Dann vor dem Servieren schnell im warmen Ofen wieder aufwärmen, so schmecken sie am besten. Deutlich mit Inhalt und Datum kennzeichnen.

Mini-Bakewell-Tartes

Hier werden klassische Bakewell-Törtchen mit Cannabutter und geschmackvollen Maraska-Kirschen aufgepeppt. Maraska-Kirschen sind die Vorläufer der modernen Cocktailkirschen. Es handelt sich um italienische Sauerkirschen, die in dickem Zuckersirup eingelegt werden und so jahrelang haltbar sind. Man findet sie in italienischen Lebensmittelgeschäften, Käseläden oder Spirituosengeschäften. Sie eignen sich aber nicht nur zum Verfeinern von Cocktails, sondern auch als Beilage zu Blauschimmelkäse und Wurstwaren oder zum Veredeln von Süßspeisen. Es lohnt sich, sie ausfindig zu machen! Für ein besonders schnelles Rezept kannst du die selbst gebackenen Tartelette-Schalen durch gekaufte, vorgebackene Tartelette-Schalen ersetzen.

ERGIBT 24 MINI-TARTES | THC-GEHALT ETWA 5,4 MG PRO STÜCK

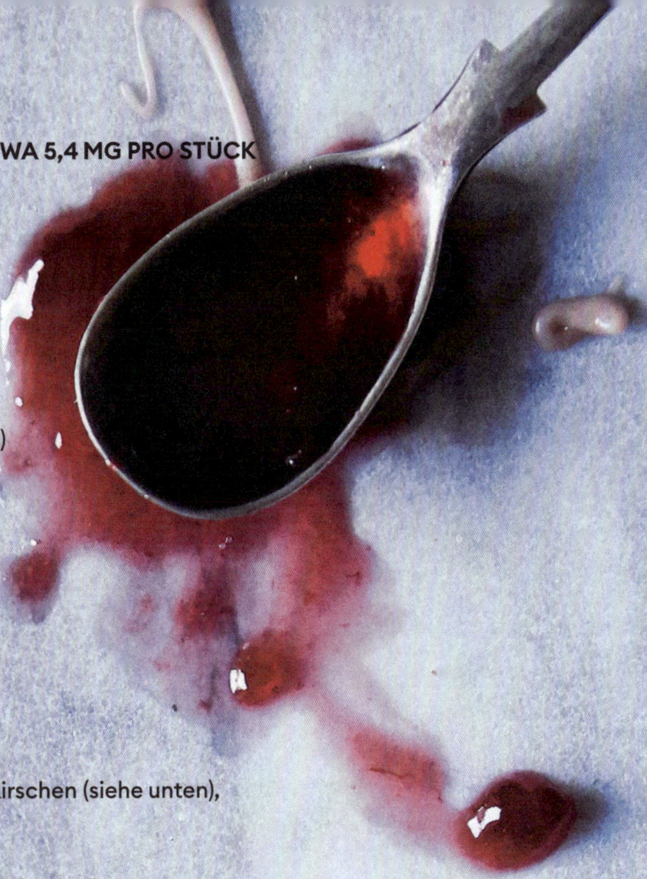

1 Portion Tarte-Teig (siehe Seite 139), zu 24 Tartelette-Schalen mit einem Durchmesser von etwa 5 cm gebacken
160 g Kirschkonfitüre

FÜR DIE MANDELFÜLLUNG
75 g weiche Butter
2 EL Cannabutter (siehe Seite 18; etwa 130 mg THC)
100 g Zucker
1 Ei Größe L
1 TL Vanilleextrakt
½ TL feines Meersalz
1 EL Vollmilch
1 EL Weizenmehl Type 405
50 g gemahlene Mandeln oder Mandelmehl

FÜR DIE KIRSCHGLASUR
3 EL Butter
60 ml Kirschsirup, abgegossen von den Maraska-Kirschen (siehe unten), bei Bedarf auch mehr
1 TL Zitronensaft, frisch gepresst
120 g Puderzucker

ZUM GARNIEREN
12 Maraska-Kirschen, abtropfen lassen, den Sirup auffangen (siehe oben) und halbieren

Den Ofen auf 180 °C Ober-/Unterhitze vorheizen. Die Tartelette-Schalen auf ein mit Backpapier ausgelegtes Backblech legen und beiseitestellen.

Zuerst die Mandelfüllung zubereiten. Butter, Cannabutter und Zucker in der Schüssel eines Standrührgeräts mit Flachrühraufsatz etwa 2 Minuten auf höchster Stufe schaumig rühren. Reste der Masse von der Schüsselwand herunterschaben, dann Ei, Vanilleextrakt, Salz und Milch hinzufügen und 30 Sekunden auf mittlerer Stufe verrühren.

Das Mehl hinzufügen und weitere 30 Sekunden rühren. Erneut Masse an der Schüsselwand herunterschaben, die gemahlenen Mandeln hinzufügen und 1 Minute untermengen. Masse an der Schüsselwand herunterschaben und eine letzte Minute verrühren.

In jede Tartelette-Schale etwa 1 TL Kirschkonfitüre geben, dann jeweils etwa 1 EL der Mandelfüllung daraufgeben. 15–18 Minuten backen, bis sie aufgegangen und goldbraun sind. Auf einem Kuchengitter etwas abkühlen lassen.

Die Zutaten für die Glasur verrühren, bis diese glatt und ein wenig flüssig ist. Sollte die Glasur zu dickflüssig werden, noch etwas mehr Kirschsirup hinzufügen.

Während die Mini-Tartes noch leicht warm sind, jede Oberseite mit etwa 2 TL der Kirschglasur bestreichen. In die Mitte jeder Tartelette eine Maraska-Kirschhälfte platzieren und 20 Minuten stehen lassen, bis die Masse fest ist.

Sofort servieren oder bis zu 3 Tage im Kühlschrank haltbar. Deutlich mit Inhalt und Datum kennzeichnen.

Teigtaschen mit Ahornzucker und Bacon

Ahornzucker ist ein körniger Zucker, der aus dem konzentrierten Harz des Zuckerahorns gewonnen wird. Falls du keinen Ahornzucker bekommst, kannst du ihn auch durch Ahornsirup ersetzen, den du zusätzlich dazugibst. Das Rezept ist kinderleicht und lässt sich in kürzester Zeit umsetzen, vorausgesetzt, du hast fertigen Blätterteig im Kühlschrank oder in der Tiefkühltruhe parat.

ERGIBT 9 TEIGTASCHEN | THC-GEHALT ETWA 7,2 MG PRO STÜCK

6 Scheiben (durchwachsener) Bacon (etwa 175 g), in 5 mm große Würfel geschnitten
3 EL Ahornzucker
2 EL Ahornsirup
1 EL Cannabutter (siehe Seite 18; etwa 65 mg THC)
1 Portion Blätterteig (siehe Seite 138)
Weizenmehl Type 405 zum Bestauben
1 Ei verquirlt mit 1 EL Wasser, zum Bestreichen
2 EL Butter, geschmolzen

FÜR DIE AHORNGLASUR
60 ml Ahornsirup oder mehr nach Bedarf
120 g Puderzucker
1 EL weiche Butter
¼ TL feines Meersalz

ZUM ABRUNDEN
1 TL gemahlener schwarzer Pfeffer
1 TL Ahornzucker

Den Ofen auf 200 °C Ober-/Unterhitze vorheizen und ein Backblech mit Backpapier auslegen.

Den Bacon in einer kleinen Pfanne 3–4 Minuten bei niedriger bis mittlerer Temperatur knusprig braten. Das überschüssige Fett abgießen und entsorgen, dann den Ahornzucker und -sirup in die Pfanne mit dem Bacon geben. Wieder auf den Herd stellen und etwa 2 Minuten weiter erhitzen, bis der Sirup Blasen wirft.

Die Bacon-Mischung in eine kleine Schale geben, die Cannabutter hinzufügen und verrühren, bis alles gut vermischt ist. Zum Abkühlen beiseitestellen und vor der Verwendung nochmals gründlich verrühren, damit sich die Cannabutter wieder gleichmäßig verteilt.

Den Blätterteig auf einer leicht bemehlten Arbeitsfläche 3 mm dick ausrollen. Aus dem Teig neun Kreise mit einem Durchmesser von je 10 cm schneiden. 1 EL der Bacon-Mischung auf eine Hälfte jedes Teigkreises geben. Auf den Rand der Kreise Eistreiche pinseln und den Teigkreis in der Hälfte falten, sodass eine Halbmondform entsteht. Beim Formen der Teigtaschen die Luft möglichst vollständig herausdrücken, damit sie beim Backen nicht aufplatzen. Die Schnittränder jeder Tasche mit einer Gabel oder den Fingerspitzen eindrücken, um sie zu verschließen. Mithilfe eines Holzstäbchens oder Zahnstochers drei Löcher in die Oberseite jedes Stücks stechen.

Die Teigtaschen auf das vorbereitete Backblech legen und mit der restlichen Eistreiche bepinseln. Zum Kühlwerden etwa 10 Minuten in den Kühlschrank stellen.

In der Zwischenzeit alle Zutaten für die Ahornglasur in einer kleinen Schale verrühren, bis die Masse glatt und glänzend ist. Sie sollte dick, aber streichfähig sein. Sollte sie zu dick sein, etwas mehr Sirup hinzufügen. Beiseitestellen.

Die Teigtaschen 15–18 Minuten backen, bis sie goldbraun und leicht gebläht sind, dann auf dem Backblech etwas abkühlen lassen, bevor sie glasiert werden.

Am besten gelingt die Glasur, wenn sie noch warm ist. Mit einer kleinen Streichpalette oder der Rückseite eines Löffels auf jeder Teigtasche verteilen, anschließend mit etwas gemahlenem Pfeffer und Ahornzucker bestreuen. Warm servieren.

Die Teigtaschen sind im Kühlschrank bis zu 2 Tage haltbar, werden aber am besten frisch aus dem Ofen serviert. Kalt aus dem Kühlschrank 5–10 Minuten zum Servieren aufwärmen. Zum Aufbewahren deutlich mit Inhalt und Datum kennzeichnen.

Mini-Pies mit Cheddar und Äpfeln

Bei diesen Mini-Pies verbinden sich würziger Cheddarkäse und karamellisierte Äpfel zu einer süßen und schmackhaften Füllung. Du kannst selbst gemachten Blätterteig aus dem Gefrierschrank nehmen oder Fertigteig kaufen, um den Zeitaufwand zu minimieren.

ERGIBT 18 MINI-PIES | THC-GEHALT ETWA 3,6 MG PRO STÜCK

1 EL Cannabutter (siehe Seite 18; etwa 65 mg THC)
1 EL Butter
2 EL brauner Zucker
1 TL feines Meersalz
2 mittelgroße Äpfel (beliebige Sorte), geschält und in Stücke geschnitten
85 g würziger Cheddar, grob gerieben
1 Portion Blätterteig (siehe Seite 138)
Weizenmehl Type 405 zum Bestauben
1 Ei verquirlt mit 2 EL Wasser, zum Bestreichen

ZUM ABRUNDEN
30 g würziger Cheddar, grob gerieben

Den Ofen auf 180 °C Ober-/Unterhitze vorheizen und ein Backblech mit Backpapier auslegen.

In einer kleinen Sauté-Pfanne bei mittlerer Temperatur Cannabutter, Butter, braunen Zucker und Salz schmelzen, dann die Äpfel hinzugeben und etwa 5 Minuten dünsten, bis sie weich werden und zu karamellisieren beginnen. In eine Schüssel geben und zum Abkühlen beiseitestellen.

Wenn die Äpfel auf Zimmertemperatur abgekühlt sind, den Käse dazugeben und vermengen.

In der Zwischenzeit den Blätterteig auf einer leicht bemehlten Arbeitsfläche 3 mm dick ausrollen. Aus dem Teig 36 Kreise mit einem Durchmesser von je 7,5 cm ausschneiden.

Die Hälfte der Teigkreise mit Eistreiche bepinseln und jeweils 1 gehäuften EL Füllung in die Mitte setzen. Mit den restlichen Kreisen bedecken und rundherum andrücken, um sie zu verschließen. Die Ränder mit einer Gabel eindrücken. Die Oberseite der Pies mit der restlichen Eistreiche bepinseln und mit einem Holzstäbchen oder Zahnstocher ein paar kleine Löcher in die Pie-Deckel stechen.

15–20 Minuten goldbraun backen. Aus dem Ofen nehmen, mit dem zusätzlichen Käse bestreuen und noch einmal 1 Minute in den Ofen schieben, bis der Käse leicht schmilzt. Warm servieren.

Die Pies sind im Kühlschrank bis zu 2 Tage haltbar, werden aber am besten frisch aus dem Ofen serviert. Kalt aus dem Kühlschrank 5–10 Minuten zum Servieren aufwärmen. Zum Aufbewahren deutlich mit Inhalt und Datum kennzeichnen.

Kleine Gebäck-variationen und Süßspeisen

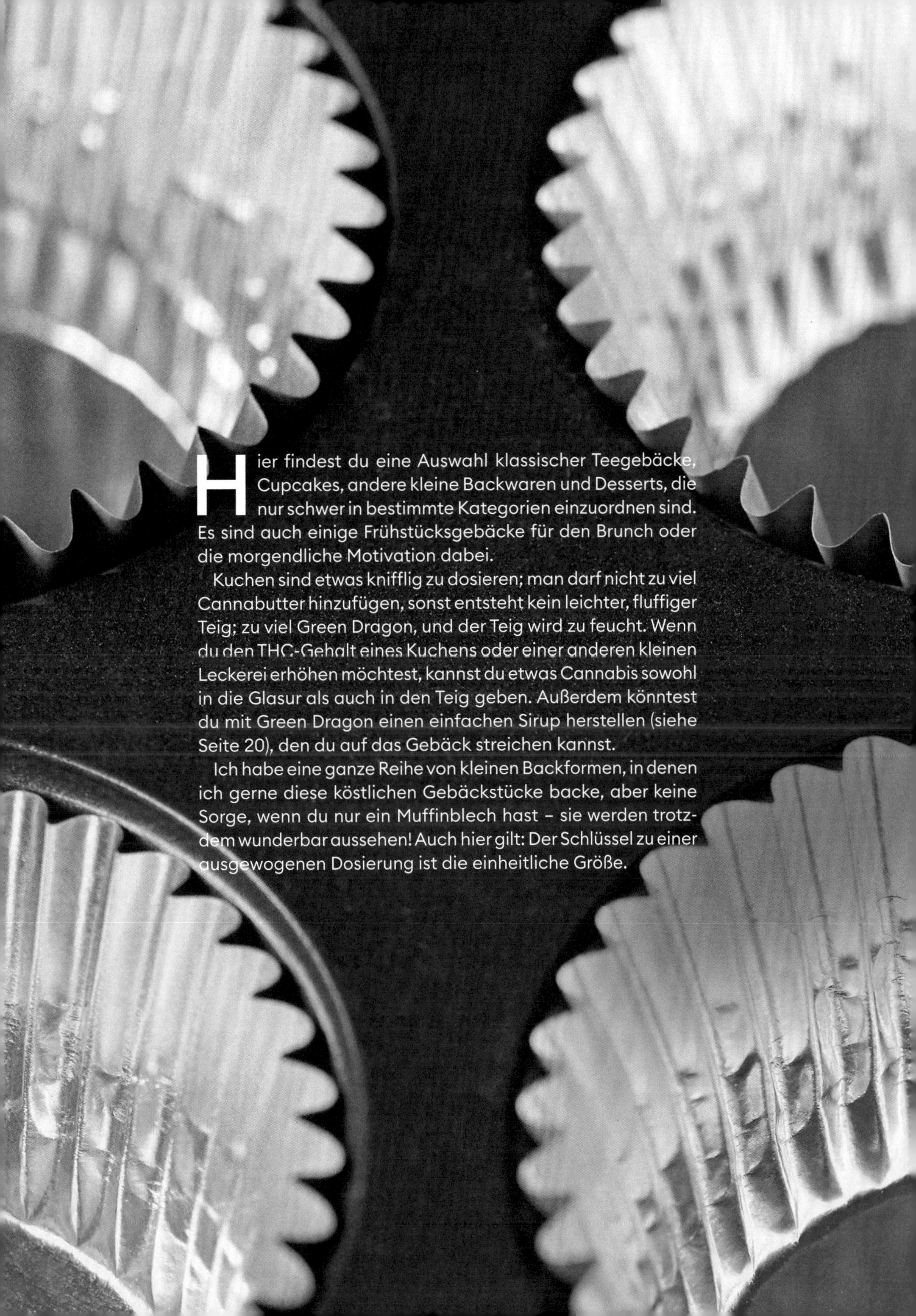

Hier findest du eine Auswahl klassischer Teegebäcke, Cupcakes, andere kleine Backwaren und Desserts, die nur schwer in bestimmte Kategorien einzuordnen sind. Es sind auch einige Frühstücksgebäcke für den Brunch oder die morgendliche Motivation dabei.

Kuchen sind etwas knifflig zu dosieren; man darf nicht zu viel Cannabutter hinzufügen, sonst entsteht kein leichter, fluffiger Teig; zu viel Green Dragon, und der Teig wird zu feucht. Wenn du den THC-Gehalt eines Kuchens oder einer anderen kleinen Leckerei erhöhen möchtest, kannst du etwas Cannabis sowohl in die Glasur als auch in den Teig geben. Außerdem könntest du mit Green Dragon einen einfachen Sirup herstellen (siehe Seite 20), den du auf das Gebäck streichen kannst.

Ich habe eine ganze Reihe von kleinen Backformen, in denen ich gerne diese köstlichen Gebäckstücke backe, aber keine Sorge, wenn du nur ein Muffinblech hast – sie werden trotzdem wunderbar aussehen! Auch hier gilt: Der Schlüssel zu einer ausgewogenen Dosierung ist die einheitliche Größe.

Geschichtete Lamingtons

Lamingtons sind ein beliebter australischer Snack, bei dem Biskuit mit Erdbeerkonfitüre bestrichen, in Schokolade getaucht und mit Kokos umhüllt wird. Du kannst die Konfitüre, den Schokoladenmantel oder die Garnierung variieren und es wird trotzdem wie ein Lamington schmecken. Lamington-Liebhaber werden jedoch darüber diskutieren, ob überhaupt Konfitüre drin sein sollte und ob die Kokosraspel geröstet werden dürfen. Mach, was dir gefällt, und vergiss das »Gras« nicht.

ERGIBT 16 MINI-KÜCHLEIN | THC-GEHALT ETWA 8 MG PRO STÜCK

200 g Weizenmehl Type 405
½ TL Backpulver
½ TL feines Meersalz
¼ TL Natron
200 g Zucker
75 g zimmerwarme Butter
2 EL Cannabutter (siehe Seite 18; etwa 130 mg THC)
1 EL Vanilleextrakt
2 Eier Größe L
120 ml Buttermilch

FÜR DIE SCHOKOLADENGLASUR

175 g Butter
225 g Bitterschokolade (mit mindestens 70 % Kakaoanteil), gehackt
1 Prise feines Meersalz

ZUM ZUSAMMENSETZEN

etwa 320 g Konfitüre (Erdbeere, Brombeere, Himbeere oder Aprikose)
125 g ungesüßte Kokosraspel, leicht geröstet

Den Ofen auf 180 °C Ober-/Unterhitze vorheizen und eine quadratische Kuchenform (20 × 20 cm) mit Backspray einsprühen.

Mehl, Backpulver, Salz und Natron in eine große Schüssel sieben. Beiseitestellen.

Zucker, Butter, Cannabutter und Vanilleextrakt in der Schüssel eines Standrührgeräts mit Flachrühraufsatz etwa 3 Minuten glatt und schaumig rühren. Reste der Masse von der Schüsselwand herunterschaben, dann die Eier nacheinander hinzugeben und jeweils gründlich unterrühren. Erneut die Reste der Masse von der Schüsselwand herunterschaben. Abwechselnd und in drei Etappen die Buttermilch und die trockenen Zutaten hinzufügen und jeweils gründlich vermengen. So lange verrühren, bis ein glatter Teig entsteht – doch nicht zu lange rühren.

Den Teig in die vorbereitete Backform geben und glatt streichen. 20–25 Minuten goldbraun backen. Wenn ein Holzstäbchen in den Biskuit gesteckt wird, sollte kein Teig mehr daran hängen bleiben. 3 Minuten in der Form abkühlen lassen, dann auf ein Kuchengitter stürzen und vollständig auskühlen lassen.

Nach dem Abkühlen die Teigränder wegschneiden, dann die Teigplatte in vier gleichmäßige Quadrate aufteilen. Jedes Quadrat waagerecht halbieren. Die oberen Schichten beiseitelegen und die unteren auf ein mit Backpapier ausgelegtes Backblech legen. Die unteren Lagen mit der Fruchtkonfitüre bestreichen, anschließend die oberen Lagen auflegen. Darauf ein weiteres Stück Backpapier und ein Backblech zum Beschweren legen. Mindestens 6 Stunden oder über Nacht in den Gefrierschrank stellen.

Für die Schokoladenglasur die Butter in einem kleinen Topf bei niedriger Temperatur schmelzen, dann vom Herd nehmen und die Schokolade und das Salz dazugeben. 1 Minute stehen lassen, damit die Schokolade schön weich wird, dann mit dem Schneebesen etwa 1 Minute zu einer glatten Masse verrühren. An einem warmen Ort beiseitestellen.

Jedes tiefgekühlte Kuchenstück in vier rechteckige Stücke schneiden. Nun müssten es 16 Schnitten sein.

Eine Arbeitsstation für die Ummantelung einrichten. Das zuvor genutzte Backblech mit Backpapier bereithalten und daneben die Kuchenstücke, die warme Glasur und die gerösteten Kokosraspel platzieren. Mit einer kleinen Streichpalette die Schokoladenglasur auf die Außenfläche jedes Kuchenstücks streichen, sodass alle Seiten überzogen sind. Anschließend jedes Stück in den Kokosraspeln rundherum wenden und auf das Backblech legen. Die Kuchenstücke fürs Glasieren mit einer Hand festhalten und die andere Hand zum Wenden in den Raspeln nutzen (die Kokosraspel sollen möglichst sauber bleiben). 15–20 Minuten trocknen lassen.

Am besten noch am selben Tag servieren, die Lamingtons sind aber auch bis zu 3 Tage im Kühlschrank oder bis zu 3 Monate im Gefrierschrank haltbar. Den Behälter deutlich mit Inhalt und Datum kennzeichnen.

Mini-Gugelhupfe mit Schmand und Kirschen

Diese Mini-Gugelhupfe sind mit getrockneten Sauerkirschen gespickt und mit einer spritzigen Limettenglasur veredelt. Sie sind perfekt fürs Frühstück. Falls du kein Mini-Gugelhupfblech hast, kannst du auch ein Muffinblech oder eine 13 × 22 cm große Kastenform verwenden.

ERGIBT 24 MINI-GUGELHUPFE | THC-GEHALT ETWA 5,4 MG PRO STÜCK

150 g getrocknete Sauerkirschen, entsteint und grob gehackt
260 g Weizenmehl Type 405
1 TL Backpulver
¼ TL Natron
½ TL feines Meersalz
75 g weiche Butter
2 EL weiche Cannabutter (siehe Seite 18; etwa 130 mg THC)
200 g Zucker
2 TL frisch abgeriebene Limettenschale
1 EL Vanilleextrakt
3 Eier Größe L
250 g Schmand

FÜR DIE GLASUR

120 g Puderzucker
2 TL frisch abgeriebene Limettenschale
2 EL frisch gepresster Limettensaft

Den Ofen auf 160 °C Ober-/Unterhitze vorheizen. Ein Mini-Gugelhupfblech für zwölf Stück mit Backspray einsprühen.

Die getrockneten Kirschen in eine Schüssel geben und mit 60 ml kochendem Wasser übergießen, um sie zu rehydrieren. Beiseitestellen.

Mehl, Backpulver, Natron und Salz in einer großen Schüssel vermengen. Beiseitestellen.

Butter, Cannabutter, Zucker, Limettenschale und Vanilleextrakt in der Schüssel eines Standrührgeräts mit Flachrühraufsatz etwa 3 Minuten auf mittlerer bis hoher Stufe schaumig rühren. Reste der Masse von der Schüsselwand herunterschaben, danach die Eier nacheinander hinzufügen und jeweils gründlich verrühren.

Erneut die Masse an der Schüsselwand herunterschaben, dann weitere 30 Sekunden vermengen. Ein Drittel des Schmands hinzufügen und 30 Sekunden verrühren, danach ein Drittel der Mehlmischung hinzufügen und 30 Sekunden verrühren. Erneut die Masse an der Schüsselwand herunterschaben. Diesen Vorgang wiederholen, bis der gesamte Schmand und das Mehl untergemengt sind. Zum Schluss die Kirschen abtropfen lassen und unter den Teig heben.

Den Teig mit einem Löffel in die vorbereiteten Formen geben. 25–30 Minuten goldbraun backen. Wenn ein Holzstäbchen in den Teig gesteckt wird, sollte kein Teig mehr daran hängen bleiben.

Die Küchlein 10 Minuten in den Formen abkühlen lassen, dann auf ein mit Backpapier belegtes Kuchengitter stürzen. Weitere 5 Minuten abkühlen lassen.

In der Zwischenzeit die Glasur zubereiten. Alle Zutaten für die Glasur in einer kleinen Schüssel glatt rühren.

Die Küchlein glasieren, solange sie noch warm sind, und dann sofort servieren.

Die Gugelhupfe sind im Kühlschrank bis zu 5 Tage haltbar. Den Behälter deutlich mit Inhalt und Datum beschriften.

Die perfekten Scones

Scones nach klassischer britischer Art, nicht zu süß und wie geschaffen für eine Schicht Clotted Cream oder Butter und Konfitüre. Probiere doch einmal, selbst einfache pektinfreie Konfitüren herzustellen. Schnelle Konfitüre muss nicht erst erhitzt werden und braucht keine besonderen Zutaten. Ein Pluspunkt: Sie enthält weniger Zucker und mehr Früchte als die meisten gekauften Konfitüren.

ERGIBT 9 SCONES | THC-GEHALT ETWA 7,2 MG PRO STÜCK

1 Ei Größe L
175 g Crème double
250 g Weizenmehl Type 405 plus etwas mehr zum Bestauben
½ TL feines Meersalz
2 TL Backpulver
4 EL Zucker
60 g weiche Butter
1 EL Cannabutter (siehe Seite 18; etwa 65 mg THC)

ZUM ANRICHTEN

kalte Butterlocken
schnelle Himbeerkonfitüre (siehe Seite 137) oder Konfitüre nach Wahl
Clotted Cream

Den Ofen auf 200 °C Ober-/Unterhitze vorheizen und ein Backblech mit Backpapier auslegen.

In einer kleinen Schüssel das Ei und die Crème double vorsichtig verquirlen. 2 EL der Masse zurückhalten, um sie nach dem Formen der Scones als Eistreiche zu verwenden. Die größere Menge wird für den Teig benötigt. Beides beiseitestellen.

In einer großen Rührschüssel Mehl, Salz, Backpulver und 2 EL Zucker mit dem Schneebesen verrühren. Die Butter und die Cannabutter hinzufügen und mit einem Teigmischer oder zwei Messern in das Mehl einarbeiten, bis die Masse sandig und gleichmäßig vermengt ist. Die größere Menge der zurückbehaltenen Creme-Mischung untermengen.

Die Masse auf eine leicht bemehlte Arbeitsfläche geben und ein paar Mal übereinanderfalten, bis ein homogener Teig entsteht. Er sollte etwas klebrig sein und nicht zu sehr bemehlt werden, da die Scones sonst zu trocken werden. Den Teig zu einem flachen Quadrat (15 × 15 cm) ausklopfen, dann in neun Quadrate schneiden oder einen runden Ausstecher (5 cm Durchmesser) verwenden, um einzelne Scones auszustechen. Den Ausstecher nicht drehen, sondern nur gerade nach unten drücken und wieder gerade hochziehen, damit die Ränder nicht eingedrückt werden.

Die Scones in einem Abstand von 5 cm auf das vorbereitete Backblech legen und die Oberseiten mit der zurückbehaltenen Creme-Mischung bestreichen. Mit den restlichen 2 EL Zucker bestreuen. 18–20 Minuten backen, bis sie aufgegangen und goldbraun sind. Auf einem Kuchengitter etwa 5 Minuten abkühlen lassen, bevor man sie mit Butter, Marmelade und Clotted Cream serviert.

Am besten noch am selben Tag servieren. Sie sind aber auch bis zu 3 Tage im Kühlschrank haltbar. Den Behälter deutlich mit Inhalt und Datum kennzeichnen. Im Ofen auf mittlerer Temperatur 5–10 Minuten aufwärmen.

Mango-Passionsfrucht-Scones

Dies sind süße Scones. Sie werden nicht mit Butter oder Konfitüre serviert, sondern mit einer süßsäuerlichen Passionsfruchtglasur versehen, inklusive knuspriger Kerne. Manche Leute würden wahrscheinlich behaupten, dass dies keine richtigen Scones sind, sondern eher eine Art Muffins mit süßer Glasur. Damit kann ich leben. Egal, wie man es nennt, diese Gebäckstücke sind eines meiner Lieblingsrezepte. Ich verdopple die Glasurmenge immer, weil sie einfach so lecker ist, aber die Menge in diesem Rezept ist auch ausreichend. Solltest du die erste Schüssel auslöffeln, kannst du immer noch mehr machen.

ERGIBT 8 SCONES | THC-GEHALT ETWA 8 MG PRO STÜCK

275 g Weizenmehl Type 405 plus etwas mehr zum Bestauben
75 g Zucker
1 TL feines Meersalz
2 TL Backpulver
¼ TL Natron
120 g kalte Butter
1 EL Cannabutter (siehe Seite 18; etwa 65 mg THC), geschmolzen
60 g griechischer Joghurt
60 g Crème double
1 Ei Größe L
2 TL Vanilleextrakt
165 g frische Mango, in 1 cm große Stücke gewürfelt

FÜR DIE PASSIONSFRUCHTGLASUR

60 g Butter, geschmolzen
150 g Puderzucker
¼ TL feines Meersalz
3–4 EL Passionsfruchtfleisch mit Kernen (2 Passionsfrüchte)

Den Ofen auf 190 °C Ober-/Unterhitze vorheizen und ein Backblech mit Backpapier auslegen.

In einer großen Rührschüssel Mehl, Zucker, Salz, Backpulver und Natron mit einem Schneebesen vermengen. Mithilfe der größten Lochung einer Küchenreibe die kalte Butter über die Masse reiben und mit einem Teigmischer oder einer Gabel die Butter in die Mehlmischung rühren, bis grobe Streusel entstehen.

In einer separaten Schüssel geschmolzene Cannabutter, Joghurt, Crème double, Ei und Vanilleextrakt gründlich verquirlen. In die Mehlmischung geben, ein- oder zweimal mit einem Gummispatel unterheben, dann die Mangostücke in die Masse geben und noch ein paar Mal mit dem Spatel unterheben. Alles sollte gut vermischt sein, die Mangostücke sollten aber nicht zerdrückt werden.

Sobald der Teig grob zusammenhält, auf einer leicht bemehlten Arbeitsfläche ausrollen. Den Teig etwas flach drücken und dann zweimal übereinanderfalten. Wenn der Teig immer noch nicht homogen aussieht, den Vorgang wiederholen. Dieses Falten und Schichten trägt dazu bei, dass der Teig blättrig und fluffig wird. Den Teig zu einer Teigplatte mit einem Durchmesser von etwa 18–20 cm formen und anschließend mit einem scharfen Messer in acht Stücke schneiden.

Die Stücke in einem Abstand von 5 cm auf das vorbereitete Backblech legen. 18–20 Minuten backen, bis sie aufgegangen und goldbraun sind.

In der Zwischenzeit die Glasur vorbereiten. In einer kleinen Schale geschmolzene Butter, Puderzucker und Salz verrühren, dann das Passionsfruchtfleisch und die Kerne unterrühren, bis die Masse glatt und glänzend ist. Beiseitestellen.

Die gebackenen Scones vor dem Glasieren etwa 5 Minuten auf einem Kuchengitter abkühlen lassen. Das Gitter auf ein mit Backpapier ausgelegtes Backblech stellen und die Scones mit der Passionsfruchtglasur beträufeln. Ein wenig antrocknen lassen, ehe sie noch warm serviert werden.

Diese Scones werden am besten sofort gegessen, sind aber sehr saftig und daher recht gut haltbar – im Kühlschrank 3 Tage lang. Den Behälter deutlich mit Inhalt und Datum beschriften.

Karamell-Sahne-Pudding

Das Cannabis-Aroma passt perfekt zu intensivem Karamellgeschmack. Wenn dann noch ein Hauch von Whiskey und Vanille hinzukommt, muss man sich zwingen, nicht mehr als eine Portion von diesem luxuriösen Pudding zu essen. Du kannst ihn im Voraus zubereiten und bis 30 Minuten vor dem Servieren kühl stellen. Diese Süßspeise schmeckt am besten, wenn sie nicht zu kalt serviert wird.

ERGIBT 8 PORTIONEN | THC-GEHALT ETWA 8 MG PRO PORTION

115 g brauner Zucker
60 g Butter
1 EL Cannabutter (siehe Seite 18; etwa 65 mg THC)
1 ½ TL feines Meersalz
825 g Crème double
1 EL Bourbon oder Scotch Whisky
1 EL Vanilleextrakt
8 große Eigelb

ZUM ANRICHTEN

120 g Crème fraîche oder Schmand
2 EL Karamellsauce
1 TL Meersalzflocken

Den Ofen auf 160 °C Ober-/Unterhitze vorheizen. Acht ofenfeste Teetassen oder Glasförmchen in einen mindestens 7,5 cm tiefen Bräter stellen. Für das spätere Wasserbad Wasser zum Kochen bringen.

In einem großen, schweren Topf bei mittlerer Temperatur braunen Zucker, Butter, Cannabutter und Salz verrühren. Unter Rühren 3–4 Minuten zu einem Karamell einkochen lassen. Langsam die Crème double dazugeben. Es wird sprudeln und zischen und der Karamell wird hart. Nun auf niedrige Temperatur reduzieren, den Bourbon und die Vanille hinzugeben und köcheln lassen; währenddessen das Eigelb vorbereiten.

Das Eigelb in eine große Edelstahlschüssel geben und etwa 30 Sekunden glatt rühren.

Wenn die Masse gerade den Siedepunkt erreicht hat, den Herd ausschalten. Inzwischen sollte der gesamte Karamell mit der Crème double vermischt sein. Ein Drittel dieser heißen Creme zum Eigelb gießen und kräftig verquirlen, um die Masse zu temperieren. Die Mischung wieder in den Topf gießen und mit der restlichen Creme verrühren.

Die Puddingmasse durch ein feines Sieb in eine große Schüssel abseihen und dann gleichmäßig auf die Tassen/Förmchen im Bräter verteilen. Den Bräter auf ein Ofenrost stellen und so viel kochendes Wasser einfüllen, dass es mindestens bis zur Hälfte der Tassen/Förmchen hinaufreicht. Den gesamten Bräter mit Alufolie abdecken und 30 Minuten backen oder bis der Pudding fest ist und nicht mehr wackelt, wenn man an der Tasse/dem Förmchen rüttelt.

Die Tassen vorsichtig aus dem Bräter nehmen, bevor der Bräter mit dem heißen Wasser herausgenommen wird. Beiseitestellen und ein wenig abkühlen lassen.

Noch warm mit einem Klecks Crème fraîche, einem Spritzer Karamellsauce und 1 Prise Meersalz servieren.

Im Kühlschrank abgedeckt bis zu 5 Tage haltbar. Deutlich mit Inhalt und Datum kennzeichnen.

Zitronen-Posset

Ein ideales Sommerdessert – leicht und doch reichhaltig und sooo einfach! Eine Auswahl an kleinen Keksen passt hervorragend dazu. Zum Garnieren solltest du essbare Blüten in Bio-Qualität auswählen oder du verwendest Cannabis- oder Minzblätter.

ERGIBT 4 PORTIONEN | THC-GEHALT ETWA 3,75 MG PRO PORTION

500 ml Crème double
¼ TL feines Meersalz
135 g Zucker
Schale und Saft von 2 großen Zitronen (etwa 90 ml Saft)
1 TL Green Dragon (siehe Seite 20; etwa 15 mg THC)

ZUM ANRICHTEN
Schlagsahne
essbare Blüten

Crème double, Salz, Zucker, Zitronenschale, Zitronensaft und Green Dragon in einem Topf bei niedriger Temperatur verrühren. 5–8 Minuten einkochen lassen, bis die Menge etwa 500 ml beträgt. Die Masse kann leicht überkochen, daher bei niedriger Temperatur einkochen und häufig umrühren.

Vom Herd nehmen, gründlich durchrühren und sofort in vier kleine Gläser oder Schalen füllen. Mindestens 1 Stunde zum Festwerden in den Kühlschrank stellen.

Mit einem Klecks Schlagsahne und essbaren Blüten garnieren und gekühlt servieren.

TIPP
Im Hochsommer presse ich gerne essbare Blüten aus meinem Garten, um sie an grauen Wintertagen zum Einsatz zu bringen. Die Blüten erinnern mich daran, dass es bald wieder sonnige Tage geben wird. Lege einzelne Blütenblätter oder kleine ganze Blüten zwischen Druckerpapier und darauf ein schweres Buch. Nach einem Tag kannst du die flach gedrückten Blütenblätter in einer kleinen Schale trocknen lassen. Nach dem Trocknen in ein luft- und lichtdichtes Gefäß geben. Alternativ erhält man das ganze Jahr über essbare Blüten in Feinkostläden.

Espresso-Donuts

Gebackene Donuts reichen mir nicht. Ich brauche diese luftigen, frittierten Gaumenfreuden mit einer leicht knackigen Zuckerglasur. Wenn du morgens schon Lust aufs Frittieren hast, kannst du diese kleinen Kringel mit einer Glasur auf Espresso-Basis zubereiten, um ein wenig wacher zu werden. Du kannst diese Donuts in klassischer runder Mini-Form oder auch in Quadratform backen, wenn du keine runden Donut-Ausstecher hast. Das Wichtigste ist, die Donuts nach dem Ausformen aufgehen zu lassen und die Öltemperatur zu kontrollieren. Falls du eine Mini-Fritteuse hast, kannst du sie gut hierfür verwenden.

ERGIBT 24 MINI-DONUTS | THC-GEHALT ETWA 2,7 MG PRO STÜCK

2 ¼ TL Aktivtrockenhefe (1 Päckchen à 7 g)
75 ml lauwarme Vollmilch
2 EL weiche Butter
1 EL Cannabutter (siehe Seite 18; etwa 65 mg THC)
2 EL Zucker
½ TL feines Meersalz
¼ TL gemahlene Muskatnuss
1 Ei Größe L
260 g Weizenmehl Type 405, gesiebt
2 l Erdnuss- oder Pflanzenöl zum Frittieren
Streusel, zum Dekorieren (optional)

FÜR DIE ESPRESSO-GLASUR

1 EL Instant-Espresso-Pulver
1 TL Vanilleextrakt
120 g Puderzucker, gesiebt

60 ml warmes Wasser (40–45 °C) in eine kleine Schale geben und die Trockenhefe einrühren. Beiseitestellen.

In der Schüssel eines Standrührgeräts mit Flachrühraufsatz Milch, Butter, Cannabutter, Zucker, Salz und Muskatnuss auf niedriger Stufe verrühren. Die Hefe-Wasser-Mischung dazugeben und verrühren, dann das Ei unterrühren. Das Mehl zugeben und alles zu einem weichen Teig verarbeiten. Zum Knethaken wechseln und etwa 3 Minuten auf niedriger Stufe kneten, bis der Teig weich und leicht klebrig wird.

Die Teigschüssel mit einem Geschirrtuch oder mit Frischhaltefolie abdecken und an einem warmen Ort etwa 1 ½–2 Stunden gehen lassen, bis sich das Teigvolumen verdoppelt hat.

Um den Teig zu entgasen, ihn einmal mit der Faust nach unten drücken, dann zu einer Kugel formen und auf einer leicht bemehlten Arbeitsfläche 1 Minute ruhen lassen. Zu einem Rechteck 1 cm dick ausrollen und mit einem Donut-Ausstecher (5 cm Durchmesser) 24 Mini-Donuts herstellen. Alternativ kann man auch mit einem Messer 5-cm-Quadrate zuschneiden. Bei Verwendung eines Donut-Ausstechers den Ausstecher nicht drehen, sondern gerade nach unten drücken und gerade wieder hochziehen, damit die Ränder nicht eingedrückt werden. Gegebenenfalls den Teig erneut ausrollen, um auch die Reste zu verwenden. Mit einem Geschirrtuch oder mit Frischhaltefolie abdecken und etwa 45 Minuten gehen lassen, bis der Teig die doppelte Größe erreicht hat und aufgebläht aussieht.

In der Zwischenzeit die Glasur zubereiten. In einer Rührschüssel alle Zutaten für die Glasur verquirlen und bei Bedarf etwas heißes Wasser hinzufügen, sodass eine glatte Glasur entsteht. Abdecken und beiseitestellen, bis die Donuts glasiert werden sollen.

Das Frittieröl in einem großen, schweren Topf oder in einer Mini-Fritteuse auf 175 °C erhitzen. Einen Teller mit Küchenpapier auslegen. Die Glasur und ein Kuchengitter auf einem mit Backpapier ausgelegten Backblech bereitstellen.

Wenn das Öl erhitzt ist, die Donuts mit einem flachen Spatel vorsichtig hineingeben. In mehreren Etappen, ohne dass der Topf zu voll ist, 2 Minuten frittieren, dann wenden und weitere 2 Minuten frittieren. Jeder Donut sollte nach dem Frittieren goldbraun und aufgebläht sein. Aus dem Öl nehmen und auf Küchenpapier 1 Minute abtropfen lassen, dann die Oberseite jedes Donuts in die Glasur tauchen und auf das Gitter setzen, damit die Glasur an den Seiten heruntertropfen kann. Nach Belieben ein paar Streusel darüberstreuen. Mindestens 1 Minute abkühlen lassen und fest werden lassen, dann genießen!

Die Donuts lassen sich nicht gut aufbewahren und sollten noch am selben Tag vernascht werden.

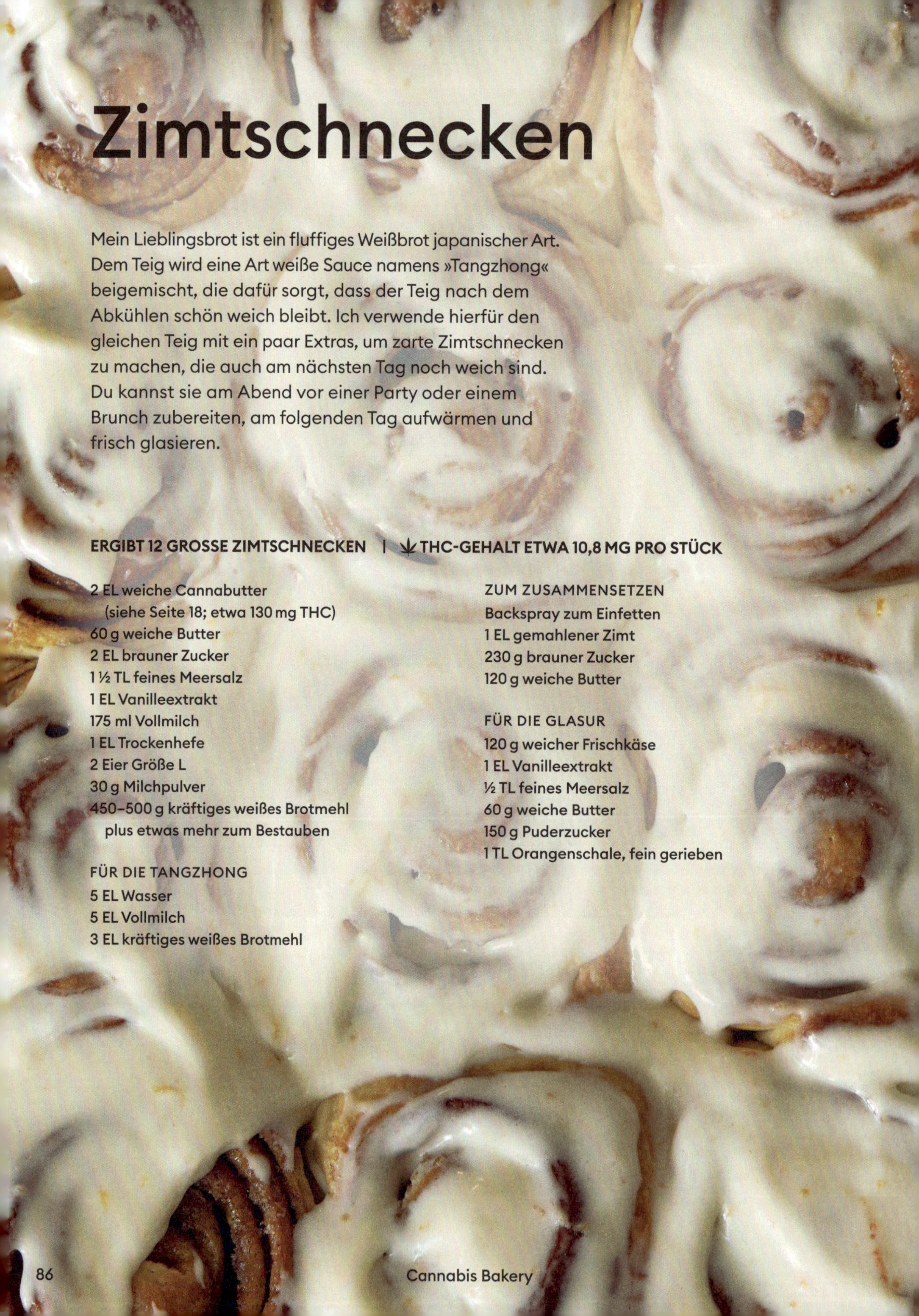

Zimtschnecken

Mein Lieblingsbrot ist ein fluffiges Weißbrot japanischer Art. Dem Teig wird eine Art weiße Sauce namens »Tangzhong« beigemischt, die dafür sorgt, dass der Teig nach dem Abkühlen schön weich bleibt. Ich verwende hierfür den gleichen Teig mit ein paar Extras, um zarte Zimtschnecken zu machen, die auch am nächsten Tag noch weich sind. Du kannst sie am Abend vor einer Party oder einem Brunch zubereiten, am folgenden Tag aufwärmen und frisch glasieren.

ERGIBT 12 GROSSE ZIMTSCHNECKEN | THC-GEHALT ETWA 10,8 MG PRO STÜCK

2 EL weiche Cannabutter (siehe Seite 18; etwa 130 mg THC)
60 g weiche Butter
2 EL brauner Zucker
1 ½ TL feines Meersalz
1 EL Vanilleextrakt
175 ml Vollmilch
1 EL Trockenhefe
2 Eier Größe L
30 g Milchpulver
450–500 g kräftiges weißes Brotmehl plus etwas mehr zum Bestauben

FÜR DIE TANGZHONG
5 EL Wasser
5 EL Vollmilch
3 EL kräftiges weißes Brotmehl

ZUM ZUSAMMENSETZEN
Backspray zum Einfetten
1 EL gemahlener Zimt
230 g brauner Zucker
120 g weiche Butter

FÜR DIE GLASUR
120 g weicher Frischkäse
1 EL Vanilleextrakt
½ TL feines Meersalz
60 g weiche Butter
150 g Puderzucker
1 TL Orangenschale, fein gerieben

Zuerst die Tangzhong vorbereiten. Wasser, Milch und Mehl in einem kleinen Topf mit dem Schneebesen glatt rühren, dann bei niedriger Temperatur und unter Rühren einkochen lassen. Es bildet sich schnell eine dicke weiße Sauce. Vom Herd nehmen und beiseitestellen, um auf Zimmertemperatur abkühlen zu lassen.

In der Zwischenzeit Cannabutter, Butter, braunen Zucker, Salz, Vanilleextrakt und Milch in einem großen Topf bei niedriger Temperatur vermengen. So lange rühren, bis sich der Zucker aufgelöst hat und die Masse anfängt aufzukochen. Vom Herd nehmen und beiseitestellen, um die Mischung lauwarm abkühlen zu lassen.

In der Schüssel eines Standrührgeräts mit Flachrühraufsatz die abgekühlte Tangzhong und die Milchmischung 1 Minute miteinander verrühren. Hefe, Eier und Milchpulver hinzufügen und 1 Minute vermengen. Zum Knethaken wechseln und das Mehl langsam unter Rühren hinzufügen, bis ein weicher, leicht klebriger Teig entsteht. Er sollte noch gut zu verarbeiten, aber sehr weich sein. Falls sich der Teig nicht verarbeiten lässt, gibt man noch 1–2 EL Mehl hinzu.

Den Teig auf eine leicht bemehlte Arbeitsfläche geben und 6–8 Minuten kneten (oder den Teig in der Maschine weiterkneten), bis er sehr glatt und etwas weniger klebrig ist.

Den Teig zurück in die Schüssel geben und mit einem Geschirrtuch oder mit Frischhaltefolie abdecken. An einem warmen Ort etwa 1 Stunde gehen lassen, bis sich das Teigvolumen verdoppelt hat.

Um den Teig zu entgasen, ihn einmal mit der Faust nach unten drücken, dann abdecken und weitere 30–45 Minuten gehen lassen, bis sich das Volumen erneut verdoppelt hat.

Den Teig aus der Schüssel nehmen. Ohne ihn zu falten, auf einer leicht bemehlten Fläche flach drücken. Beim Ausrollen den Teig nicht zu stark bemehlen. Zu einem Rechteck ausrollen (45 × 30 cm).

Den Teig abgedeckt weitere 5 Minuten ruhen lassen. In der Zwischenzeit ein Backblech (23 × 32 cm) mit Backspray einsprühen. Zimt und braunen Zucker in einer Schale vermischen und beiseitestellen.

Die weiche Butter auf dem Teig-Rechteck verteilen, dabei entlang einer der langen Seiten 2,5 cm aussparen. Die Zucker-Zimt-Mischung über die Butter streuen. Den unbedeckten Seitenrand zum Verschließen mit etwas Wasser bestreichen, dann den Teig von der gegenüberliegenden Längsseite her fest einrollen (aber nicht zu stramm einrollen, sonst platzt der mittlere Teil beim Backen auf). Die Rolle mit der Nahtseite nach unten in zwölf Scheiben schneiden, die etwa 4 cm dick sind. Diese auf das vorbereitete Backblech legen. Zugedeckt an einem warmen Ort etwa 45 Minuten gehen lassen, bis sie nahezu doppelt so groß sind.

In der Zwischenzeit den Backofen auf 180 °C Ober-/Unterhitze vorheizen und die Glasur vorbereiten. In einem Standrührgerät mit Schneebesenaufsatz Frischkäse, Vanilleextrakt, Salz und Butter zu einer glatten Masse verquirlen. Reste der Masse von der Schüsselwand herunterschaben, den Puderzucker hinzufügen und auf niedriger Stufe gründlich miteinander vermengen. Anschließend auf hoher Stufe 3 Minuten zu einer schaumigen und cremigen Masse aufschlagen. Beiseitestellen, bis die Gebäckstücke bereit für die Glasur sind.

20–25 Minuten goldbraun backen, bis der Zucker aus der Gebäckmitte hervorquillt. Das Blech zum Abkühlen auf ein Kuchengitter stellen und die noch warmen Schnecken mit der Glasur bestreichen. Etwas Zuckerglasur extra dazu servieren.

Die Zimtschnecken werden am besten warm serviert, können aber auch in Alufolie eingewickelt im Backofen bei 150 °C Ober-/Unterhitze etwa 10 Minuten aufgewärmt werden. Im Kühlschrank bedeckt bis zu 2 Tage haltbar. Den Behälter deutlich mit Inhalt und Datum kennzeichnen.

Märchenhafte Toaster-Strudel

Wenn du selbst gemachten tiefgekühlten Blätterteig (siehe Seite 138) vorrätig hast, kannst du ganz schnell leckeres Frühstücksgebäck herstellen. Alternativ kannst du auch einen Blätterteig kaufen, wenn es mal wirklich eng wird. Nimm eine hochwertige Konfitüre – sie ist das A und O für diese Toaster-Strudel. Die Geschmacksrichtung kann beliebig sein; in diesem Fall ist es eine Brombeerkonfitüre, da sie eine tolle Farbe hat und der Geschmack der dunklen Beeren gut zum Cannabis passt. Zum Aufwärmen kommt das Gebäck 30 Sekunden bis 1 Minute in den Toaster. Vorsicht, die Glasur ist heiß!

ERGIBT 12 MINI-TOASTER-STRUDEL | THC-GEHALT ETWA 5,4 MG PRO STÜCK

1 EL Cannabutter (siehe Seite 18; etwa 65 mg THC)
1 EL Butter
1 Portion Blätterteig (siehe Seite 138)
200 g Brombeerkonfitüre
1 Ei verquirlt mit 2 EL Wasser, zum Bestreichen
2 EL natürlich gefärbte Streusel, zum Verzieren (optional)

FÜR DIE BEERENGLASUR
2 EL Brombeerkonfitüre, glatt gerührt
2 EL weiche Butter
¼ TL feines Meersalz
120 g Puderzucker, gesiebt

Den Ofen auf 180 °C Ober-/Unterhitze vorheizen und ein Backblech mit Backpapier auslegen.

In einem kleinen Topf die Cannabutter und die Butter schmelzen und etwas abkühlen lassen.

Den Teig auf einer leicht bemehlten Arbeitsfläche 3 mm dick ausrollen. Danach in zwei lange Streifen von je 45 × 10 cm schneiden und nebeneinander auf die Arbeitsfläche legen. Jeden Streifen gleichmäßig mit der geschmolzenen Buttermasse bepinseln. An den langen Seiten der beiden Teigstreifen in Abständen von 7,5 cm leicht markieren (nicht durchschneiden) und Eistreiche auf beide Streifen auftragen.

Auf die untere Hälfte jedes markierten Bereichs etwa 1 EL der Konfitüre geben. Jeden Teigstreifen längs zur Hälfte falten, um die Füllung zu bedecken, dabei zwischen den einzelnen Bereichen den Teigdeckel nach unten drücken, um die Füllung in den einzelnen Teigtaschen zu versiegeln (ähnlich wie bei der Herstellung von Ravioli). Anschließend an diesen Stellen durchschneiden, sodass insgesamt zwölf Strudel von je 7,5 × 5 cm entstehen. Alle Schnittränder mit den Fingerspitzen andrücken und räuseln. Die Oberseiten mit Ei bestreichen und mit einem Holzstäbchen oder Zahnstocher ein paar kleine Löcher hineinstechen, damit beim Backen der Dampf entweichen kann.

Die Strudel auf das vorbereitete Backblech legen und 15–20 Minuten backen, bis sie goldbraun sind und die Füllung beinahe aus den Löchern quillt.

In der Zwischenzeit die Glasur vorbereiten. In einer kleinen Schale die Zutaten dafür glatt rühren. Wenn die Masse zu dickflüssig ist, etwas mehr Konfitüre oder ein paar Tropfen Wasser hinzugeben.

Die Strudel aus dem Ofen nehmen und mit einem kleinen Spatel oder einem Löffel mit der noch warmen Glasur bestreichen. Die Streusel, falls vorhanden, über die noch feuchte Glasur streuen, damit sie haften bleiben.

Die Strudel leicht antrocknen lassen und servieren. Sie sind im Kühlschrank bedeckt bis zu 3 Tage haltbar. Den Behälter deutlich mit Inhalt und Datum beschriften.

Zitronen-Cupcakes

»Limonen« ist ein Terpen, das sowohl in Zitrusfrüchten als auch in Cannabis vorkommt. Denk nur an den Geschmack und Geruch von hellen, frischen Zitronen, säuerlichen Limetten und herben Grapefruits. Cannabis-Sorten mit hohem Limonen-Anteil, die spritzige Düfte erzeugen, wirken in der Regel anregend und belebend, genau wie Zitrusfrüchte.

ERGIBT 24 MINI-CUPCAKES | THC-GEHALT ETWA 2,7 MG THC PRO STÜCK

170 g Weizenmehl Type 405
1 TL Backpulver
½ TL feines Meersalz
1 EL Speisestärke
1 EL Zitronenschale, frisch gerieben
1 TL Zitronenöl oder Zitronenextrakt
1 TL Vanilleextrakt
75 g weiche Butter
1 EL Cannabutter (siehe Seite 18; etwa 65 mg THC)
150 g Zucker
120 ml zimmerwarme Vollmilch
1 Ei Größe L
1 großes Eigelb

FÜR DIE ZITRONENGLASUR
1 EL Zitronenschale, frisch gerieben
2 EL Zitronensaft, frisch gepresst
120 g Butter
½ TL feines Meersalz
2 TL Vanilleextrakt
1 TL Zitronenöl oder Zitronenextrakt
225 g Puderzucker, gesiebt

ZUM GARNIEREN (OPTIONAL)
frische Himbeeren
kleine Cannabis-Blätter
dünne Zitronenschalen-Löckchen
Zuckerstreusel

Den Backofen auf 180 °C Ober-/Unterhitze vorheizen. Ein 24er-Mini-Muffinblech mit Muffinförmchen bestücken.

In einer großen Schüssel die trockenen Zutaten vermengen. Beiseitestellen.

In der Schüssel eines Standrührgeräts mit Flachrühraufsatz Zitronenschale, Zitronenextrakt, Vanilleextrakt, Butter, Cannabutter und Zucker etwa 3 Minuten glatt und schaumig rühren. Reste der Masse von der Schüsselwand herunterschaben, das Ei und das Eigelb hinzugeben und alles gründlich verrühren. Erneut die Masse an der Schüsselwand herunterschaben und in drei Etappen abwechselnd die Milch und die trockenen Zutaten zugeben. Nach jeder Zugabe nur so lange rühren, bis alles gut vermengt und der Teig geschmeidig ist. Nicht zu kräftig und lange rühren.

Den Teig in die Förmchen füllen und 12–15 Minuten backen, bis er aufgegangen und goldbraun ist.

Die Cupcakes aus dem Blech nehmen und auf einem Kuchengitter abkühlen lassen.

In der Zwischenzeit die Glasur vorbereiten. In der Schüssel eines Standrührgeräts mit Schneebesenaufsatz Zitronenschale und -saft, Butter, Salz, Vanille und Zitronenextrakt etwa 3 Minuten auf höchster Stufe glatt und schaumig schlagen. Nach und nach den Puderzucker hinzugeben und auf niedriger Stufe glatt rühren. Dann auf hoher Stufe etwa 2 Minuten leicht und schaumig aufschlagen.

Wenn die Cupcakes abgekühlt sind, großzügig mit der Zitronenglasur überziehen und nach Belieben garnieren.

Sie sind im Kühlschrank bedeckt bis zu 3 Tage haltbar. Den Behälter deutlich mit Inhalt und Datum kennzeichnen.

Domino-Küchlein

Schachmatt in Rosa und Weiß. Dieser Klassiker ist einfach schön, egal, wie man ihn backt. Ich färbe die rosafarbenen Stücke mit Erdbeerstaub ein – er verleiht dem Kuchen ein dezentes Erdbeeraroma und ein natürliches Rosarot. Falls du lieber eine intensivere Farbe möchtest, füge einfach noch ein paar Tropfen natürliche Lebensmittelfarbe hinzu. Zu beschreiben, wie man das Schachbrettmuster macht, ist komplizierter, als es tatsächlich zu tun, also lass dich nicht von langen Anleitungen abschrecken – du schaffst das!

ERGIBT 12 KÜCHLEIN | THC-GEHALT ETWA 5,4 MG PRO STÜCK

Backspray zum Einfetten
75 g weiche Butter
1 EL weiche Cannabutter (siehe Seite 18; etwa 65 mg THC)
100 g Zucker
1 TL Vanilleextrakt
¼ TL Mandelextrakt
2 Eier Größe L
100 g Weizenmehl Type 405
40 g Speisestärke
1 TL Backpulver
½ TL feines Meersalz
2 EL gefriergetrocknetes Erdbeerpulver (oder gefriergetrocknete Erdbeeren zermahlen und durch ein Sieb streichen, um Kerne zu entfernen) plus etwas mehr zum Anrichten (optional)
2–3 Tropfen natürliche rote Lebensmittelfarbe (optional)
240 g Aprikosenkonfitüre, passiert
225 g Marzipan
Puderzucker zum Bestauben (optional)

Den Ofen auf 160 °C Ober-/Unterhitze vorheizen. Eine quadratische Backform (20 × 20 cm) mit Backspray einsprühen. Einen »Damm« aus Alufolie herstellen, indem man ein Stück Folie etwa viermal umschlägt, sodass ein flaches Band von etwa 25 cm Länge entsteht. Beide Seiten mit Backspray besprühen. Das Folienband senkrecht in die Backform setzen, um sie in zwei Hälften zu unterteilen. Den Überstand zu einer Seite einschlagen, damit sich die Teige nicht vermengen.

In der Schüssel eines Standrührgeräts mit Flachrühraufsatz Butter, Cannabutter, Zucker, Vanille- und Mandelextrakt etwa 3 Minuten auf mittlerer Stufe schaumig rühren. Reste der Masse von der Schüsselwand herunterschaben, danach die Eier einzeln hinzufügen und jeweils 30 Sekunden verrühren. Erneut die Masse an der Schüsselwand herunterschaben, Mehl, Speisestärke, Backpulver und Salz hinzugeben und 1 Minute auf mittlerer Stufe verrühren. Ein letztes Mal Teig von der Schüsselwand herunterschaben und 1 weitere Minute zu einem glatten Teig rühren.

Die Hälfte des Teigs herausnehmen und beiseitestellen. Das Erdbeerpulver zum restlichen Teig in der Rührschüssel geben und unterrühren, bis der Teig gleichmäßig rosa ist; nach Belieben zusätzliche Lebensmittelfarbe hinzugeben.

Die zwei Teige jeweils in eine Seite der geteilten Kuchenform füllen und mit einem Spatel glatt streichen, wobei die verschiedenfarbigen Teige bis zur Oberkante des Foliendamms reichen, sich aber nicht vermischen sollten.

20–25 Minuten backen, bis der Teig aufgegangen und hellgoldbraun ist. 5 Minuten in der Form abkühlen lassen, dann vorsichtig die Folie entfernen, gegebenenfalls mit einem Schälmesser. Kuchen auf ein Kuchengitter stürzen, das Backpapier abziehen und vollständig auskühlen lassen.

Nach dem Abkühlen die Kuchenränder etwa 5 mm abschneiden, um die Kruste zu entfernen und die Linien zu begradigen. Die rosa und die weiße Kuchenhälfte sollten genau gleich groß sein (mit einem Lineal überprüfen). Jedes Stück der Länge nach zweimal durchschneiden, sodass drei rosa und drei weiße Streifen entstehen, jeder Streifen etwa 3,3 cm breit und 20 cm lang.

Die Aprikosenkonfitüre in der Mikrowelle oder bei niedriger Temperatur erwärmen, bis sie eine dickflüssige, sirupähnliche Konsistenz hat. Mit einer kleinen Streichpalette die Oberseite eines weißen Kuchenstreifens dünn mit der Konfitüre bestreichen. Einen der rosafarbenen Kuchenstreifen darauflegen und leicht andrücken, damit er anhaftet. Diesen Vorgang mit den anderen vier Streifen wiederholen, um drei geschichtete Kuchenstapel zu erhalten. Bei Bedarf die Ränder für perfekte Quadrate zuschneiden.

Einen der Stapel der Länge nach senkrecht in der Mitte durchschneiden. Die Schnittkante der einen Hälfte dünn mit Marmelade bestreichen, die andere Hälfte um 180° gedreht auflegen, sodass ein Schachbrettmuster entsteht. Den Vorgang mit den anderen zwei Kuchenstapeln ebenfalls durchführen. Jeden Schachbrettkuchen in Frischhaltefolie einwickeln und etwa 30 Minuten in den Kühlschrank stellen.

In der Zwischenzeit das Marzipan dritteln und jedes Stück zu einem dünnen Rechteck ausrollen, das groß genug ist, um es um einen der drei Kuchen zu wickeln (etwa 20 × 15 cm). Bei Bedarf die Arbeitsfläche mit etwas Puderzucker bestauben, damit das Marzipan nicht kleben bleibt.

Die Frischhaltefolie von den Kuchen entfernen und das ausgerollte Marzipan dünn mit Aprikosenkonfitüre bestreichen. Die Kuchen jeweils in die Mitte eines Marzipanrechtecks legen und das Marzipan vorsichtig um jeden Kuchen herumlegen, um ihn zu umschließen. Die Kanten sorgfältig zurechtschneiden. Mit der Rückseite eines Messers die Oberseite jedes Kuchenstücks mit versetzten diagonalen Linien leicht eindrücken, um ein rautenförmiges Muster zu erzeugen. Mindestens 15 Minuten oder über Nacht in den Kühlschrank stellen.

Jeden Kuchen in vier Stücke schneiden und zum Servieren nach Belieben mit zusätzlichem gefriergetrocknetem Erdbeerpulver bestreuen.

Die Kuchen sind im Kühlschrank abgedeckt bis zu 3 Tage oder im Gefrierschrank bis zu 3 Monate haltbar. Den Behälter deutlich mit Inhalt und Datum beschriften.

Lavendel-Cupcakes mit Earl-Grey-Glasur

Diese Cupcakes haben ein dezentes Lavendelaroma und eine Glasur aus Earl-Grey-Tee. In diesem Tee steckt Öl der Bergamotte, eine bucklige, limettenähnliche Frucht. Du kannst für das Rezept frische oder getrocknete Lavendelblüten verwenden. Zum Garnieren verwende ich jedoch gern frischen Lavendel am Stängel.

ERGIBT 12 CUPCAKES ODER 24 MINI-CUPCAKES |
THC-GEHALT ETWA 10,8 MG THC PRO CUPCAKE ODER 5,4 MG PRO MINI-CUPCAKE

½ TL frische oder getrocknete Lavendelblüten
120 ml Vollmilch
185 g Weizenmehl Type 405
2 TL Natron
½ TL feines Meersalz
70 g weiche Butter
2 EL weiche Cannabutter (siehe Seite 18; etwa 130 mg THC)
150 g Zucker
2 große Eiweiß
1 EL Vanilleextrakt

FÜR DIE EARL-GREY-GLASUR
120 ml Vollmilch
4 Teebeutel Earl Grey
225 g weiche Butter
½ TL feines Meersalz
350 g Puderzucker, gesiebt

ZUM GARNIEREN
frische Lavendelblüten (optional)

Den Ofen auf 180 °C Ober-/Unterhitze vorheizen. Ein 12er-Muffinblech oder 24er-Mini-Muffinblech mit Papierförmchen auslegen oder leicht mit Backspray besprühen.

In einem kleinen Topf bei niedriger Temperatur den Lavendel in der Milch bis zum Siedepunkt erwärmen, dann zum Abkühlen beiseitestellen.

Mehl, Natron und Salz in eine Rührschüssel sieben und beiseitestellen.

In der Schüssel eines Standrührgeräts mit Flachrühraufsatz Butter, Cannabutter und Zucker auf niedriger Stufe vermengen und dann etwa 5 Minuten auf hoher Stufe rühren, bis die Masse schaumig und weiß ist. Reste der Masse von der Schüsselwand herunterschaben, dann das Eiweiß nach und nach hinzufügen und jeweils gründlich verrühren. Erneut die Masse an der Schüsselwand herunterschaben, dann den Vanilleextrakt einrühren. Abwechselnd kleine Mengen der Mehlmischung und der mit Lavendel versetzten Milch zugeben, nach jeder Zugabe auf niedriger Stufe vermengen, bis ein homogener Teig entsteht.

Den Teig in die vorbereiteten Formen füllen und 10–12 Minuten (Mini-Cupcakes) bzw. 15–18 Minuten (normale Cupcakes) backen, bis die Cupcakes aufgegangen und goldgelb sind. Im Blech etwas abkühlen lassen, dann auf einem Kuchengitter vollständig auskühlen lassen.

Zwischenzeitlich die Glasur vorbereiten. In einem kleinen Topf die Milch zum Köcheln bringen. Die Teebeutel hinzufügen und 3 Minuten ziehen lassen. Die Beutel herausnehmen und kräftig ausdrücken, dann die Tee-Milch zum Abkühlen beiseitestellen.

In der Schüssel eines Standrührgeräts mit Schneebesenaufsatz Butter, Salz und 2 EL der Tee-Milch auf niedriger Stufe verrühren, danach langsam den Puderzucker hinzufügen. Sobald die Masse gut vermischt ist, diese auf hoher Stufe leicht und schaumig aufschlagen. Bei Bedarf noch etwas von der Tee-Milch hinzugeben.

Wenn die Cupcakes abgekühlt sind, mit der Glasur bestreichen und nach Belieben zusätzliche Lavendelblüten darüberstreuen.

Sie sind im Kühlschrank abgedeckt bis zu 3 Tage haltbar. Vor dem Verzehr auf Zimmertemperatur bringen. Den Behälter deutlich mit Inhalt und Datum beschriften.

1970er-Jahre-Carrot-Cupcakes mit Frischkäseglasur

Ich bin in den 1970ern aufgewachsen, damals wurde überall Carrot Cake serviert. Es wird viel diskutiert, ob Rosinen oder Ananas oder beides hineingehört. Bei mir ist es Ananas, aber wenn du Rosinen magst, kannst du auch diese verwenden. Man könnte sogar behaupten, dass es durch den Karottenanteil ein richtig gesunder Kuchen ist, aber jeder weiß, dass die Glasur nie dick genug sein kann. Keine Sorge, mir geht es ganz genauso deshalb kommt hier ein Rezept mit einer ordentlichen Portion Glasur für die Cupcakes.

ERGIBT 12 CUPCAKES ODER 36 MINI-CUPCAKES |
THC-GEHALT ETWA 8,3 MG PRO CUPCAKE ODER 2,7 MG PRO MINI-CUPCAKE

135 g Weizenmehl Type 405
½ TL feines Meersalz
¼ TL gemahlener Zimt
1 TL Backpulver
1 TL Natron
135 g Karotten, grob gerieben
55 g Pekannusskerne, leicht geröstet und grob gehackt
40 g ungesüßte Kokosraspel
100 g Ananasstückchen aus der Dose, abgetropft
200 g Zucker
120 ml Pflanzenöl
2 EL Green Dragon (siehe Seite 20; etwa 100 mg THC)
2 Eier Größe L
1 EL Vanilleextrakt

FÜR DIE GLASUR
225 g weicher Frischkäse
120 g weiche Butter
2 EL Vanilleextrakt
1 TL feines Meersalz
425 g Puderzucker, gesiebt

ZUM GARNIEREN (OPTIONAL)
kandierte Karottenkringel (siehe Tipp)
Cannabis-Blätter
geröstete Pekannusskern-Hälften

Den Ofen auf 160 °C Ober-/Unterhitze vorheizen. Ein 12er-Muffinblech oder ein 36er-Mini-Muffinblech mit Papierförmchen auslegen.

In einer großen Rührschüssel Mehl, Salz, Zimt, Backpulver und Natron vermengen. Geriebene Karotten, gehackte Pekannusskerne, Kokosraspel, Ananas, Zucker, Pflanzenöl, Green Dragon, Eier und Vanilleextrakt unterrühren, bis ein grober Teig entsteht.

Den Teig gleichmäßig in die Papierförmchen verteilen. Die normalen Cupcakes 18–23 Minuten und die Mini-Cupcakes 12–15 Minuten backen. Wenn ein Holzstäbchen in den Teig gesteckt wird, sollte kein Teig mehr daran hängen bleiben. In den Förmchen etwas abkühlen lassen, dann auf einem Kuchengitter vollständig auskühlen lassen.

In der Zwischenzeit für die Glasur in der Schüssel eines Standrührgeräts mit Schneebesenaufsatz Frischkäse, Butter, Vanilleextrakt und Salz glatt rühren. Reste der Masse von der Schüsselwand herunterschaben und dann bei niedriger Stufe langsam den Puderzucker gründlich unterrühren. Anschließend die Masse 3 Minuten auf hoher Stufe cremig und schaumig schlagen.

Sobald die Cupcakes abgekühlt sind, mit einem großzügigen Klecks Frischkäseglasur bedecken. Nach Belieben mit kandierten Karottenkringeln, Cannabis-Blättern oder gerösteten Pekannusskern-Hälften garnieren.

TIPP

Kandierte Karottenkringel sind supereinfach herzustellen und sehen richtig hübsch aus. Mit einem Gemüseschäler dünne Längsstreifen von zwei Karotten schälen. 120 ml Wasser und 100 g Zucker in einem kleinen Kochtopf verrühren und bei hoher Temperatur zum Kochen bringen. 1 Minute kochen lassen, bis sich der Zucker aufgelöst hat und der Sirup klar ist. Die Karottenkringel in den Sirup geben und unter gelegentlichem Rühren etwa 2 Minuten kocheln lassen. Die Karotten mit einer Gabel vorsichtig aus dem heißen Sirup nehmen und auf einen mit Zucker bestreuten Teller geben (Vorsicht, der Sirup ist heiß! Vor dem Abgießen abkühlen lassen). Die Kringel zusätzlich mit Zucker bestreuen und trocknen lassen. Die Karottenkringel in einem luftdicht verschlossenen Behälter mit zusätzlich Zucker aufbewahren, damit sie trocken und voneinander getrennt bleiben. Bis zu 1 Monat im Kühlschrank haltbar.

Schokolade-Orangen-Friands

Diese Friands sind das Mini-Format eines reichhaltigen, nach Orangen duftenden Schokoladenkuchens, der mit einer Ganache aus dunkler Schokolade überzogen ist. Sie sind vergleichbar mit Brownies, aber die beigemischte Speisestärke sorgt für eine weiche Kruste, sodass die Friands förmlich auf der Zunge zergehen. Wenn du kein Friand-Backblech mit ovalen Formen hast, kannst du auch ein Mini-Muffinblech verwenden.

ERGIBT 24 MINI-KÜCHLEIN | THC-GEHALT ETWA 5,4 MG PRO STÜCK

200 g weiche Butter
2 EL weiche Cannabutter (siehe Seite 18; ca. 130 mg THC)
300 g Zucker
1 TL Vanilleextrakt
fein abgeriebene Schale von 1 unbehandelten Orange
½ TL feines Meersalz
175 g Bitterschokolade, grob gehackt
100 g Weizenmehl Type 405
2 EL Speisestärke
4 Eier Größe L

FÜR DIE SCHOKOLADENGANACHE-GLASUR
250 g Crème double
1 EL Orangensaft
175 g Bitterschokolade, fein gehackt

ZUM ABRUNDEN (OPTIONAL)
60 g weiße Schokolade, geschmolzen

Den Backofen auf 180 °C Ober-/Unterhitze vorheizen. Ein 24er-Friand-Backblech oder ein 24er-Mini-Muffinblech mit Papierförmchen auslegen oder mit Backspray einsprühen.

In einem großen, schweren Topf Butter, Cannabutter, Zucker, Vanilleextrakt, Orangenschale und Salz vermengen und bei niedriger bis mittlerer Temperatur unter Rühren erhitzen, bis die Butter vollständig geschmolzen ist. Vom Herd nehmen, die Schokolade hinzufügen und rühren, bis sie geschmolzen ist.

Mehl und Speisestärke in einer separaten Schüssel vermischen. Die Mehlmischung in drei Portionen in den Topf sieben und zwischen den einzelnen Zugaben sorgfältig unterheben. Nicht zu viel rühren. Die Eier einzeln hinzugeben und jeweils unterrühren. Darauf achten, dass die Masse gründlich vermengt wird, dabei aber nicht zu viel und zu stark rühren.

Den Teig gleichmäßig in die Papierförmchen oder direkt in das vorbereitete Blech geben. 10–12 Minuten backen, bis der Teig aufgebläht ist und sich Risse an der Oberfläche zu bilden beginnen. Etwa 5 Minuten im Blech abkühlen lassen, dann auf ein Kuchengitter setzen (oder stürzen) und weitere 5–10 Minuten abkühlen lassen.

In der Zwischenzeit die Glasur vorbereiten. In einem kleinen Topf bei mittlerer Temperatur die Crème double und den Orangensaft zum Köcheln bringen. Den Herd ausschalten und die Schokolade in die heiße Creme geben. 2 Minuten stehen lassen, damit die Schokolade schmilzt, dann glatt rühren. An einem warmen Ort beiseitestellen; die Glasur sollte dickflüssig sein, wenn sie verwendet werden soll.

Wenn die Friands in Papierförmchen gefüllt sind, mit einem Löffel eine kleine Menge der noch warmen Glasur daraufgeben (oder mit einem Spritzbeutel mit breiter Tülle auftragen). Die Glasur sollte sich langsam über die Friands verteilen und ein wenig an den Seiten heruntertropfen. Eventuell benötigt man nicht die gesamte Glasur. 15 Minuten fest werden lassen.

Wurden die Friands ohne Papierförmchen gebacken, sollte man das Kuchengitter auf ein mit Backpapier ausgelegtes Backblech legen und dann erst die noch warme Glasur über die Küchlein geben. Die Glasur sollte an den Seiten herunterlaufen und sie ummanteln. Vermutlich wird die gesamte Glasurmenge benötigt. 15 Minuten fest werden lassen.

Nach Belieben kann man die Küchlein noch mit geschmolzener weißer Schokolade verzieren. Die geschmolzene Schokolade in einen Spritzbeutel mit sehr feiner Tülle geben und ein Muster auf die Ganache malen. Danach noch weitere 15 Minuten fest werden lassen.

Bei Zimmertemperatur servieren. Sie sind im Kühlschrank abgedeckt bis zu 1 Woche haltbar. Den Behälter deutlich mit Inhalt und Datum kennzeichnen.

Festtags-kuchen

Große Kuchen machen was her und wirken feierlich, können aber zu Dosierungsproblemen führen. Die Gäste möchten vielleicht unterschiedlich große Stücke, also werden sie auch unterschiedliche Cannabis-Mengen zu sich nehmen. Falls das problematisch sein sollte, kannst du die Kuchenstücke vorher markieren, um gleich große Stücke zu servieren. Bitte sei gewissenhaft mit dem Hinweis zur Dosierung, insbesondere wenn der Kuchen etwa für ein Büffet vorgesehen ist.

Die Kuchen in diesem Kapitel werden mit verschiedenen Techniken zubereitet, darunter ein Pfundkuchen mit dreifachem Vanille-Boost (siehe Seite 106) und ein fluffiger Matchatee-Kuchen (siehe Seite 112). Einige dieser Kuchen sind geschichtet – die anspruchsvollsten Kuchen, bei denen das Verhältnis der Zutaten exakt stimmen muss. Übertreibe es nicht mit der Cannabutter, falls du den THC-Gehalt erhöhen möchtest. Du kannst stattdessen andere Methoden nutzen, beispielsweise etwas Cannabis in die Glasur geben, infundierten Sirup auf die Kuchen streichen oder vielleicht etwas Green Dragon (siehe Seite 20) aufsprühen. Damit möchte ich dir aufzeigen, wie du Cannabis in so gut wie alles integrieren kannst.

Schokoladen-Malz-Torte

Diese extravagante Schokoladentorte zeichnet sich durch den Umami-Geschmack von Malzmilch aus und setzt sich aus verschiedenen Komponenten zusammen, die den Malzgeschmack verstärken und der Torte eine weiche Konsistenz verleihen. Überzogen wird sie mit einer aufgeschlagenen Schokoladencreme, die eine besonders cremige Textur hat. Denke daran, dass die Portionsgröße bei größeren Kuchen besonders wichtig ist! Ist die ungesüßte Schokolade nicht aufzutreiben, kannst du sie durch Bitterschokolade (mit einem Kakaoanteil von mindestens 85 %) ersetzen.

FÜR 12 PERSONEN | THC-GEHALT ETWA 10,8 MG PRO PORTION

Backspray zum Einfetten
200 g Weizenmehl Type 405, gesiebt
21 g Backkakao (Pulver)
35 g Malzmilchpulver (online erhältlich)
1 TL Natron
½ TL feines Meersalz
150 g ungesüßte Schokolade (100 % Kakaoanteil), gehackt
120 g weiche Butter
1 EL weiche Cannabutter (siehe Seite 18; etwa 65 mg THC)
2 TL Vanilleextrakt
165 g brauner Zucker
150 g Zucker plus 3 EL
3 Eier Größe L, getrennt
300 ml Buttermilch

FÜR DIE MALZMILCH-SCHOKOLADEN-GLASUR
2 EL Maissirup oder Zuckerrübensirup
160 g Crème double
120 g Malzmilchpulver (online erhältlich)
1 EL Cannabutter (siehe Seite 18; etwa 65 mg THC)
120 g Milchschokolade, gehackt

FÜR DIE SCHOKOLADENCREME
250 g Crème double
200 g Zucker
120 g ungesüßte Schokolade (100 % Kakaoanteil), gehackt
¼ TL feines Meersalz
2 TL Vanilleextrakt
120 g Butter

ZUM GARNIEREN
24 Schokoladenmalzkugeln, einige davon im Ganzen, einige grob zerkleinert

Den Ofen auf 180 °C Ober-/Unterhitze vorheizen und zwei runde Kuchenformen (23 cm Durchmesser) mit Backspray einsprühen.

Mehl, Kakao, Malzmilchpulver, Natron und Salz in eine große Schüssel sieben. Beiseitestellen.

Die Schokolade in einer Schüssel über einem Topf mit leicht köchelndem Wasser (der Schüsselboden darf das Wasser nicht berühren) bei niedriger Temperatur schmelzen. Beiseitestellen.

In der Schüssel eines Standrührgeräts mit Flachrühraufsatz Butter, Cannabutter, Vanilleextrakt, braunen Zucker und 150 g Zucker auf mittlerer Stufe etwa 3 Minuten weich und schaumig rühren. Reste der Masse von der Schüsselwand herunterschaben, das Eigelb hinzufügen und verrühren. Erneut die Masse an der Schüsselwand herunterschaben, die noch warme geschmolzene Schokolade hinzugeben und auf niedriger Stufe vermengen. Abwechselnd die Buttermilch und die trockenen Zutaten in drei Etappen zugeben und zwischen den einzelnen Zugaben gründlich glatt rühren. Masse an der Schüsselwand herunterschaben und beiseitestellen.

In einer blitzblanken Schüssel das Eiweiß auf mittlerer Stufe aufschlagen, bis sich leichte Spitzen bilden. Unter kontinuierlichem Rühren die 3 EL Zucker einrieseln lassen. Sobald ein mittelfester Schaum entsteht, den Schneebesen aus der Masse herausheben. Die Schaumspitze sollte sich danach langsam absenken.

Mit einem Gummispatel zunächst ein Drittel des Eischnees unter die Teigmasse heben und anschließend den restlichen Eischnee. So lange unterheben, bis keine Schlieren mehr zu sehen sind, dann den Teig gleichmäßig auf die vorbereiteten Kuchenformen verteilen. Die Oberseiten glatt streichen und die Formen vorsichtig auf die Arbeitsfläche klopfen, um große Lufteinschlüsse zu lösen.

30–35 Minuten backen, bis die Biskuits anfangen, sich von den Rändern zu lösen, und der Teig bei leichtem Fingerdruck zurückfedert. 5 Minuten in den Formen abkühlen lassen, dann auf ein Kuchengitter stürzen und vollständig auskühlen lassen.

In der Zwischenzeit die Glasur vorbereiten. In einem kleinen, schweren Topf bei mittlerer Temperatur Sirup, Crème double, Malzmilchpulver und Cannabutter vermischen und zum Köcheln bringen. Die Temperatur reduzieren und die Masse 30 Sekunden bis 1 Minute köcheln lassen, dabei rühren, damit sich das Malzpulver auflöst. Vom Herd nehmen, die Schokolade hinzugeben und rühren, bis sie geschmolzen und die Masse dickflüssig und glatt ist. Beiseitestellen und auf Zimmertemperatur abkühlen lassen.

Für die Schokoladencreme Sahne und Zucker in einem großen, schweren Topf bei mittlerer Temperatur aufkochen. Die Temperatur reduzieren und die Masse unter gelegentlichem Rühren 6 Minuten köcheln lassen. Den Topf vom Herd nehmen, die Schokolade hinzufügen und rühren, bis sie geschmolzen ist. Nun Salz, Vanilleextrakt und Butter hinzufügen und glatt rühren. Anschließend den Topf in eine große Schüssel mit Eis stellen, um ihn abkühlen zu lassen. Mit einem Gummispatel umrühren und dabei den Topfboden abschaben, bis die Masse abgekühlt und eingedickt ist.

Die Creme in die Schüssel eines Standrührgeräts mit Schneebesenaufsatz geben. Auf mittlerer bis hoher Stufe etwa 2 Minuten aufschlagen, bis sich Spitzen bilden und die Masse hellbraun ist. Beiseitestellen.

Wenn die Biskuitböden abgekühlt sind, einen davon auf eine Servierplatte legen. Ein paar Streifen Wachs- oder Backpapier unter den Rand des Kuchens schieben, um die Servierplatte während des Zusammensetzens zu schützen. Den Unterboden gleichmäßig mit der Glasur bestreichen. Den zweiten Biskuitboden mit der restlichen Glasur bestreichen, dabei die Böden noch nicht übereinandersetzen. Beide etwa 30 Minuten in den Kühlschrank stellen.

Mit einer kleinen Streichpalette etwa die Hälfte der Schokoladencreme auf dem unteren Biskuitboden verteilen, danach den zweiten Boden auflegen. Darauf die restliche Creme geben. Die Malzmilchkugeln als Garnitur darüberstreuen und das schützende Backpapier von der Servierplatte abziehen. Vor dem Anschneiden mindestens 20 Minuten in den Kühlschrank stellen.

Die Torte ist im Kühlschrank abgedeckt bis zu 3 Tage haltbar, sollte aber vor dem Verzehr auf Zimmertemperatur gebracht werden. Den Kuchen deutlich mit den Zutaten kennzeichnen.

Pfundkuchen mit Vanille-Boost

Dieser weiche und feine Pfundkuchen ist voller Vanille und hat eine knusprige Butterglasur. Er ist gut haltbar und eignet sich bestens für Feiern oder zum Verschenken. Du kannst ihn in einer Gugelhupf- oder Kastenform backen. Servierst du einen ganzen Kuchen mit Cannabis, schreib die Gesamtanzahl der Stücke auf, für die du die Dosis pro Stück kalkuliert hast – so können deine Gäste entsprechend große Stücke essen und wissen genau, wie viel THC sie zu sich nehmen.

FÜR 10 PERSONEN | THC-GEHALT ETWA 6,5 MG PRO PORTION

Backspray zum Einfetten
3 EL Vollmilch
1 Vanilleschote, der Länge nach aufgeschnitten
3 Eier Größe L
2 TL Vanilleextrakt
185 g Weizenmehl Type 405
150 g Zucker
¾ TL Backpulver
¼ TL feines Meersalz
175 g weiche Butter
1 EL Cannabutter (siehe Seite 18; etwa 65 mg THC)

FÜR DIE VANILLEBUTTER-SAUCE

200 g Zucker
120 g Butter
1 EL Vanilleextrakt

ZUM GARNIEREN

2 EL Puderzucker zum Bestauben

Den Ofen auf 180 °C Ober-/Unterhitze vorheizen und eine Gugelhupfform (19 × 7,5 cm) oder Kastenform (20 × 10 cm) mit Backspray einsprühen.

Die Milch und die Vanilleschote in einen kleinen Topf geben und aufkochen lassen. Darauf achten, dass die Schote vollständig in die Milch getaucht ist, dann abgedeckt 15 Minuten beiseitestellen. Die Vanilleschote herausnehmen und das Mark in die Milch kratzen, dann die Eier und den Vanilleextrakt einrühren und beiseitestellen.

In der Schüssel eines Standrührgeräts mit Flachrühraufsatz Mehl, Zucker, Backpulver und Salz auf niedriger Stufe gut verrühren. Butter, Cannabutter und etwa die Hälfte der Milchmischung hinzufügen und auf mittlerer Stufe 1 Minute rühren. Reste der Masse von der Schüsselwand herunterschaben. Die restliche Milchmischung in zwei Portionen hinzufügen und jeweils nur so lange rühren, bis alles vermengt ist.

Den Teig in die vorbereitete Form geben und die Oberfläche mit einem Spatel glatt streichen. 55–65 Minuten backen oder so lange, dass an einem Holzstäbchen, das in den Teig gesteckt wird, kein Teig mehr hängen bleibt.

In der Zwischenzeit die Vanillebutter-Sauce vorbereiten. Die Zutaten zusammen mit 60 ml Wasser in einen kleinen Topf geben und bei mittlerer Temperatur so lange erwärmen, bis die Butter geschmolzen und alles vermischt ist – nicht aufkochen. Der Zucker sollte noch leicht körnig sein.

Den Kuchen aus dem Ofen nehmen und in der Form lassen. Den noch warmen Kuchen mit einem Holzstäbchen rundherum einstechen, dann langsam die Sauce darübergießen. Den Kuchen in der Form vollständig abkühlen lassen, anschließend auf eine Servierplatte stürzen und mit Puderzucker bestauben. Für ein Blattmuster im Puderzucker Cannabis-Blätter oder andere Blätter von Kräutern auf den Kuchen legen und leicht andrücken, damit sie haften bleiben. Mit einem kleinen Sieb Puderzucker darüberstauben, dann die Blätter vorsichtig abnehmen, damit das Muster sichtbar wird.

Der Kuchen ist bei Zimmertemperatur bis zu 5 Tage haltbar oder kann luftdicht eingewickelt bis zu 3 Monate eingefroren werden. Deutlich mit Inhalt und Datum kennzeichnen.

Bananen-Karamell-Torte

Manche Kombinationen sind einfach Klassiker, zum Beispiel Banane und Karamell. Dieser Kuchen ist eine Interpretation des »Banoffee Pie« und vereint weichen Bananenkuchen, cremige Dulce de Leche und knusprige Bananenchips mit einer marshmallowartigen 7-Minuten-Glasur und knusprigen Toffee-Stücken. Wahnsinn! Die Torte ist perfekt für einen besonderen Anlass. Denk bei größeren Kuchen daran, dass die Portionsgröße für die Dosierung relevant ist!

FÜR 12 PERSONEN | THC-GEHALT ETWA 10,8 MG PRO PORTION

Backspray zum Einfetten
2 Bananen (etwa 350 g)
1 TL frisch gepresster Zitronensaft
380 g Weizenmehl Type 405
1 ½ TL Natron
½ TL feines Meersalz
150 g weiche Butter
2 EL weiche Cannabutter (siehe Seite 18; ca. 130 mg THC)
400 g Zucker
2 EL brauner Zucker
3 Eier Größe L
1 EL Vanilleextrakt
120 g Schmand
250 ml Vollmilch

FÜR DIE 7-MINUTEN-BAISERGLASUR
300 g Zucker
2 große Eiweiß
¼ TL Weinstein-Backpulver
½ TL feines Meersalz
2 TL Vanilleextrakt

ZUM ZUSAMMENSETZEN
600 g zimmerwarme Dulce de Leche (gekauft oder selbst gemacht, siehe Seite 29)
1 mittelgroße Banane, in dünne Scheiben geschnitten
150 g Toffeebonbons, zerstoßen
75 g Bananenchips

Den Ofen auf 150 °C Ober-/Unterhitze vorheizen und zwei runde Kuchenformen (23 cm Durchmesser) mit Backspray einsprühen.

In einer kleinen Schüssel die Bananen mit dem Zitronensaft zerdrücken. Beiseitestellen.

In einer anderen Schüssel Mehl, Natron und Salz vermischen. Beiseitestellen.

In der Schüssel eines Standrührgeräts mit Flachrühraufsatz Butter, Cannabutter und Zucker auf niedriger Stufe verrühren, dann etwa 5 Minuten auf hoher Stufe schaumig rühren. Reste der Masse von der Schüsselwand herunterschaben, dann die zerdrückten Bananen hinzufügen und 1 Minute vermengen. Die Eier einzeln hinzugeben und jeweils gut durchrühren. Den Vanilleextrakt und dann den Schmand einrühren. Abwechselnd die Mehlmischung und die Milch in kleinen Portionen hinzugeben und jeweils auf niedriger Stufe verrühren. Erneut die Reste der Masse von der Schüsselwand herunterschaben und ein letztes Mal 30 Sekunden rühren.

Den Teig gleichmäßig auf die vorbereiteten Backformen verteilen. 25–30 Minuten goldgelb backen. Wenn ein Holzstäbchen in den Teig gesteckt wird, sollte kein Teig mehr daran hängen bleiben. 5 Minuten in der Form abkühlen lassen, dann auf ein Kuchengitter stürzen und vollständig auskühlen lassen.

Nach dem Abkühlen einen Biskuitboden mit der Hälfte der Dulce de Leche bestreichen und mit den frischen Bananenscheiben belegen. Den anderen Boden darauflegen und diesen mit der restlichen Dulce de Leche bestreichen. Etwa 1 Stunde in den Kühlschrank stellen. Bei Bedarf kann man ein paar lange Holzstäbchen in den Kuchen stecken, damit die Schichten nicht verrutschen. Es kommt vor, dass etwas Dulce de Leche herausquillt. In dem Fall mit einer kleinen Streichpalette oder einem Messer diese an den Seiten des Kuchens verteilen, bevor die Glasur aufgetragen wird.

Die Baiserglasur erst kurz vor dem Herausnehmen des gekühlten Kuchens vorbereiten. Die Glasur muss sofort nach der Zubereitung aufgetragen werden, da sie schnell aushärtet und dann nicht mehr streichfähig ist. Einen Spritzbeutel mit einer Sterntülle vorbereiten. Kein Spritzbeutel parat? Ein paar große Löffel in einem Glas mit heißem Wasser bereithalten.

Alle Zutaten für die Glasur zusammen mit 75 ml kaltem Wasser mit dem Schneebesen in einer Schüssel über einem Topf mit leicht köchelndem Wasser verquirlen (wobei der Schüsselboden das Wasser nicht berühren darf). Anschließend mit einem elektrischen Handrührgerät auf höchster Stufe etwa 7 Minuten aufschlagen (man kann auch von Hand aufschlagen, aber das ist sehr anstrengend. Falls du eine beheizte Schüssel für dein Standrührgerät hast, benutze diese!). Die Masse sollte sehr dick und glänzend sein, wie Marshmallow-Creme. Vom Herd nehmen und weitere 1–2 Minuten schlagen, um die Masse etwas abkühlen zu lassen.

Zügig etwa eine Tasse der Glasur in den Spritzbeutel füllen und kurz beiseitestellen. Die restliche Glasur auf die Seiten der Torte verteilen. Mit dem Spritzbeutel einen Kranz am oberen Rand des Kuchens auftragen, sodass die Dulce de Leche sichtbar bleibt. Nach Belieben kann man ein paar Sternchen aus Glasur auf die Torte setzen. Alternativ Glasurkleckse mit Löffeln verteilen. Die Seiten des Kuchens mit den Toffee-Stückchen und die Oberseite mit den Bananenchips verzieren.

Etwa 30 Minuten in den Kühlschrank stellen, bevor die Torte serviert wird. Die Holzstäbchen vor dem Servieren aus dem Kuchen nehmen.

Abgedeckt bis zu 3 Tage im Kühlschrank haltbar, sollte aber zimmerwarm verzehrt werden. Die Torte deutlich mit den Zutaten kennzeichnen.

Wolkiger Matchatee-Kuchen

Dieser weiche, souffléartige japanische »Käsekuchen« hat nichts mit seinem festen, gehaltvollen amerikanischen Pendant zu tun. Er ist fluffig wie eine Wolke, duftet nach Matchatee und hat nur eine leichte Süße. Er ist imposant und wunderschön zartgrün, oxidiert jedoch schnell zu einem trüben Kakigrün, wenn er zu lange Licht und Luft ausgesetzt ist. Im Kühlschrank aufbewahren. Sollten sich die Schnittkanten verfärben, kannst du etwas abschneiden, und das Innere wird dir wieder hellgrün entgegenstrahlen.

Matchapulver entsteht aus gemahlenen Grünteeblättern. Da man also das gesamte Blatt isst, enthält der Kuchen auch etwas Koffein. Es gibt verschiedene Matcha-Qualitätsstufen. Du kannst Matchapulver fürs Kochen und Backen verwenden, aber da es nach dem Öffnen sehr schnell oxidiert, solltest du lieber einen hochwertigeren Matcha kaufen und eine schaumige Tasse Machatee zu deinem Kuchen genießen. Kaufe keinen Matcha mit Zucker- und/oder Milchzusatz – du brauchst gemahlene, reine Teeblätter.

FÜR 12 PERSONEN | THC-GEHALT ETWA 10,8 MG PRO PORTION

2 EL Cannabutter (siehe Seite 18; etwa 130 mg THC)
60 g Butter
120 ml Vollmilch
225 g weicher Frischkäse
5 TL Matchatee-Pulver (ohne Zucker)
½ TL feines Meersalz
8 Eier Größe L, getrennt
70 g Weizenmehl Type 405
30 g Speisestärke
¼ TL Weinstein-Backpulver
150 g Zucker

ZUM GARNIEREN
2 EL Puderzucker
1 EL Matchatee-Pulver (ohne Zucker)

Den Ofen auf 140 °C Ober-/Unterhitze vorheizen. Den Backofenrost im unteren Drittel des Ofens einschieben und alle anderen Roste entfernen, da man Platz braucht, um den Kuchen im Ofen zu manövrieren. Einen großen Bräter in den Ofen stellen und bis etwa 2,5 cm hoch mit kochendem Wasser füllen.

Um der Backform mehr Höhe zu geben (der Kuchen geht beim Backen deutlich auf), sollte ein Kragen aus Backpapier angefertigt werden. Die Seiten einer Springform (25 cm Durchmesser) mit Backpapier auslegen und das Backpapier so zuschneiden, dass es etwa 10 cm über die Höhe der Form hinausragt. Das Papier an der Außenseite mit Klebeband fixieren, damit es an den Seiten der Form anliegt. Zudem sollte die Außenseite der Backform mit einem breiten Stück Aluminiumfolie umwickelt werden, damit kein Wasser vom Wasserbad in die Form eindringen kann.

In einem großen Topf Cannabutter, Butter, Milch, Frischkäse, Matchapulver und Salz vermischen. Die Masse bei niedriger Temperatur unter Rühren erwärmen, aber nicht aufkochen lassen. Sobald der Frischkäse geschmolzen ist, die Masse in eine große Rührschüssel geben und etwas abkühlen lassen.

Das Eigelb mit dem Schneebesen in die Milchmischung einrühren, dann das Mehl und die Speisestärke daraufsieben und vorsichtig unterheben. Den Teig nicht zu stark rühren, dennoch alle Klümpchen entfernen. Beiseitestellen.

In der blitzsauberen Schüssel eines Standrührgeräts mit Schneebesenaufsatz das Eiweiß und das Weinstein-Backpulver auf mittlerer Stufe etwa 1 Minute schaumig schlagen. Den Zucker auf mittlerer bis hoher Stufe langsam einrieseln lassen. Nicht auf höchster Stufe aufschlagen, da dies zu instabilerem Eischnee führt. Sobald der gesamte Zucker zugegeben wurde, zu einer sehr dicken und glänzenden Masse weiterschlagen, deren Spitzen mittelsteif sind und langsam absinken, wenn der Schneebesen herausgezogen wird.

Ein Drittel des Eischnees mit einem Gummispatel unter den Teig heben. Ein weiteres Drittel hinzufügen, zwei- oder dreimal unterheben, dann das restliche Eiweiß dazugeben und so lange unterheben, bis ein fluffiger, glatter Teig ohne Schlieren entsteht. Den Teig in die vorbereitete Form geben und die Oberfläche glatt streichen. Die Backform drei- oder viermal auf die Arbeitsfläche klopfen, damit sich der Teig setzt und größere Luftblasen entweichen können. Die Form in das Wasserbad im Ofen stellen und etwa 1 Stunde und 15 Minuten backen, bis der Teig goldbraun und sehr aufgeblasen ist. Wenn ein Holzstäbchen in den Teig gesteckt wird, sollte kein Teig mehr daran hängen bleiben.

Den Ofen ausschalten, die Tür weit öffnen und den Kuchen mindestens 30 Minuten im abkühlenden Ofen stehen lassen, damit er nicht zusammenfällt. Danach aus dem Ofen nehmen und aus der Form lösen, dabei den Kragen am Kuchen belassen. Weitere 30 Minuten abkühlen lassen, dann den Kragen abziehen; den Kuchen vor dem Servieren kurz in den Kühlschrank stellen und mit dem Matchapulver-Puderzucker-Mix bestreuen.

Am besten schmeckt der Kuchen leicht gekühlt. Er ist im Kühlschrank abgedeckt 5 Tage haltbar, allerdings kann er etwas oxidieren und sich verfärben. Deutlich mit den Zutaten kennzeichnen.

Viktorias Sandwich-Kuchen

Dieser Kuchen ist eine Hommage an Königin Viktoria, die sich gerne mit Freunden zum Plaudern und gemeinsamen Schlemmen traf und so die Teepartys ins Leben rief. Außerdem ist überliefert, dass ihr Leibarzt Cannabis als Medizin befürwortete; die Königin hat wohl Cannabis-Tinktur zur Schmerzlinderung verwendet. Wer weiß, was die Herrschaften sonst noch auf ihren langen Spaziergängen im Wald genossen haben!

Dieser einfache Schichtkuchen ist ein echter »Teatime«-Klassiker. Ich habe hier zwar nichts völlig Neues erfunden, aber die Aromen verstärkt und natürlich »Gras« hinzugefügt. Wenn du einen feinen Kuchen backen möchtest, ersetze nur einen Teil der Butter durch Cannabutter, sonst wird dein Kuchen schwer und fettig. Willst du den Cannabinoidgehalt eines Kuchens steigern, kannst du einfachen Sirup mit etwas Green Dragon (siehe Seite 20) zubereiten und ihn über die Biskuitböden streichen, wie ich es in diesem Rezept getan habe. Du kannst auch mit einem Holzstäbchen Löcher in den Kuchen stechen, damit der Sirup besser aufgenommen wird.

FÜR 10 PERSONEN | THC-GEHALT ETWA 11,5 MG PRO PORTION

FÜR DEN BISKUITTEIG
Backspray zum Einfetten
135 g Weizenmehl Type 405
1 TL Backpulver
¼ TL feines Meersalz
200 g Zucker
75 g weiche Butter
1 EL Cannabutter (siehe Seite 18; etwa 65 mg THC)
1 TL Zitronenschale, fein gerieben
½ TL Mandelextrakt
1 TL Vanilleextrakt
4 Eier Größe L
2 EL zimmerwarme Vollmilch

FÜR DEN SIRUP
50 g Zucker
1 TL Vanilleextrakt
1 EL Green Dragon (siehe Seite 20; etwa 50 mg THC)

FÜR DIE CREME
250 g Crème double
60 g Puderzucker, gesiebt
1 TL Vanilleextrakt
250 g Crème fraîche oder Schmand

ZUM ZUSAMMENSETZEN
240 g Erdbeerkonfitüre
150 g frische Erdbeeren, in Scheiben geschnitten
frische Cannabis-Blätter (falls vorrätig)
1 EL Puderzucker zum Bestauben

Den Ofen auf 180 °C Ober-/Unterhitze vorheizen und zwei runde Kuchenformen (20 cm Durchmesser) mit Backspray einsprühen.

Mehl, Backpulver und Salz in eine große Schüssel sieben. Beiseitestellen.

Zucker, Butter, Cannabutter, Zitronenschale, Mandel- und Vanilleextrakt in der Schüssel eines Standrührgeräts mit Flachrühraufsatz 3 Minuten glatt und schaumig rühren. Reste der Masse von der Schüsselwand herunterschaben, danach die Eier einzeln hinzufügen und jeweils gründlich verrühren. Erneut die Masse an der Schüsselwand herunterschaben. In drei Etappen abwechselnd die Milch und die trockenen Zutaten zugeben, dazwischen jeweils verrühren und die Masse an der Schüsselwand herunterschaben. Nur so lange verrühren, bis der Teig glatt ist. Nicht zu viel rühren.

Den Teig gleichmäßig in die vorbereiteten Formen verteilen und glatt streichen. 18–20 Minuten backen, bis der Teig goldbraun ist und an einem Holzstäbchen, das in den Teig gesteckt wird, kein Teig mehr hängen bleibt.

Kuchen 3 Minuten in den Kuchenformen abkühlen lassen, dann auf ein Kuchengitter stürzen und vollständig auskühlen lassen.

In der Zwischenzeit den Sirup vorbereiten. Zucker und Vanilleextrakt mit 3 EL Wasser in einen kleinen Topf geben und aufkochen lassen. Den Herd ausschalten und Green Dragon einrühren (nicht vergessen, dass er leicht entzündlich ist, also Vorsicht). Zum Abkühlen beiseitestellen.

Für die Creme die Crème double, den Puderzucker und den Vanilleextrakt in die Schüssel eines Standrührgeräts mit Schneebesenaufsatz geben und 2–3 Minuten auf mittlerer Stufe schlagen, bis die Masse sich zu verdicken beginnt. Die Crème fraîche hinzufügen und weitere 1–2 Minuten sehr dick und schaumig aufschlagen. Beiseitestellen.

Sobald die Biskuitböden abgekühlt sind, beide Böden auf einer Seite mit dem Sirup bestreichen. Einen davon mit der Sirupschicht nach oben auf eine Servierplatte legen. Ein paar Streifen Wachs- oder Backpapier unter den Rand des Kuchens schieben, um die Servierplatte während des Zusammensetzens zu schützen. Die untere Schicht mit der Erdbeerkonfitüre bestreichen, dann die Hälfte der Creme darauf verteilen. Den zweiten Biskuitboden mit der Sirupschicht nach unten darauflegen und die restliche Creme darauf verteilen. Mit den Erdbeerscheiben und gegebenenfalls den Cannabis-Blättern garnieren und mit Puderzucker bestauben.

Vor dem Servieren das schützende Backpapier von der Servierplatte abnehmen. Im Kühlschrank abgedeckt bis zu 2 Tage haltbar. Den Kuchen deutlich mit den Zutaten kennzeichnen.

Süßigkeiten

Der Verkaufsschlager schlechthin sind bei American Baked Co. Fruchtgummis – es gibt sie in den verschiedensten Ausführungen und Geschmacksrichtungen. Die meisten Menschen können gar nicht genug davon bekommen. Ich habe zwei Rezepte für Fruchtgummis im Angebot: ein veganes und ein nicht veganes. Die Fruchtgummis unterscheiden sich in der Konsistenz, also probiere beide aus und schau, was dir besser schmeckt. In meiner Bäckerei stellen wir die Pektinvariante her, vor allem, weil ich kein großer Fan der meisten Gelatine-Fruchtgummis bin, die für mich einfach Kindersüßigkeiten sind.

Außerdem verrate ich dir mein streng geheimes Karamellrezept. In Wirklichkeit ist es gar nicht so geheim – nur Butter, Sahne, Zucker und ganz viel Liebe. Das Hauptproblem bei Karamell ist, dass es körnig werden kann, was in der Regel bei hoher Luftfeuchtigkeit oder durch ungleichmäßiges Vermischen passiert. Ich stelle salziges Karamell her, aber du kannst das zusätzliche Salz auch weglassen, wenn du möchtest.

Du erfährst in diesem Kapitel außerdem, wie man Cannaganache herstellt, damit du nach Herzenslust deine eigenen Trüffel kreieren kannst. Man kann die Umhüllung der Trüffel variieren und so aus einer Grundmasse eine große Vielfalt herstellen. Es ist unglaublich einfach, du wirst begeistert sein.

Zu guter Letzt gibt es noch ein einfaches Fudge mit Haselnüssen, das dich den allseits bekannten Nuss-Nugat-Aufstrich ganz vergessen lässt.

Meersalz-Karamellen

Diese Karamellen sind nicht zu hart und auch nicht zu weich. Sie sind buttrig, salzig, zart und haben so ziemlich alles, was man sich von Karamellen erhofft. Wickle sie in Backpapier oder Zellophan ein und verschenke sie an deine Freunde. Die Dosierung kannst du problemlos erhöhen, indem du gleich zu Beginn der Zubereitung ein paar Esslöffel Green Dragon (siehe Seite 20) hinzufügst. Mach dir das Leben leichter und kauf dir ein Zuckerthermometer; es ist nicht teuer und sorgt für perfekte Ergebnisse. Stelle die Bonbons auch nicht an einem Regentag her. Karamellen neigen dazu, körnig zu werden, wenn sie an regnerischen oder nebligen Tagen Feuchtigkeit ausgesetzt sind.

ERGIBT 100 KARAMELLEN | THC-GEHALT 1,9 MG PRO STÜCK

350 ml Crème double
260 g Zuckerrübensirup
475 g Zucker
2 TL feines Meersalz
3 EL Cannabutter (siehe Seite 18; etwa 195 mg THC)
1 EL Vanilleextrakt
1 EL Meersalzflocken, zum Garnieren

Die Bonbonformen auf Backbleche stellen und darauf achten, dass sie sauber und trocken sind. Man kann flexible Silikonformen verwenden oder eine quadratische Backform (20 × 20 cm) mit gebuttertem Backpapier auslegen. Das nötige Equipment sollte griffbereit sein, da man zügig arbeiten muss. Man braucht einen Backpinsel, trockene Topflappen, einen sauberen Gummispatel, einen Schöpflöffel und eine Streichpalette.

In einem großen, schweren Topf mit Deckel die Crème double, Sirup, Zucker, feines Salz und Cannabutter bei mittlerer Temperatur verrühren, bis die Butter schmilzt und der Zucker sich aufzulösen beginnt. Falls die Masse sprudelnd aufgekocht ist, die Wand des Topfes mit einem in Wasser getauchten Pinsel abstreichen. Auf diese Weise werden etwaige Zuckerkristalle in die Karamellmasse zurückgeschwemmt – es sollten keine Kristalle an der Topfwand sichtbar sein. Den Deckel auf den Topf setzen und die Masse bei mittlerer bis niedriger Temperatur unter gelegentlichem Umrühren mit einem sauberen Löffel 20–25 Minuten weiterkochen, bis das Karamell eine mittelbraune Farbe angenommen hat. Bei Verwendung eines Zuckerthermometers sollte es 123 °C anzeigen. Den Herd ausschalten, da die Masse in der Restwärme weiterkochen wird.

Vorsichtig den Vanilleextrakt hineingeben und etwas zurücktreten, da die Masse zunächst eine Dampfwolke und Spritzer kochend heißen Karamells ausstoßen wird. Sobald der Dampf versiegt, gründlich verrühren. Achtung – das Karamell ist gefährlich heiß und klebrig. Sollte Karamell auf deine Haut geraten, musst du sofort kaltes Wasser darüberlaufen lassen, um Verbrennungen einzudämmen. Es ist unheimlich heiß.

Das Karamell mit einem Schöpflöffel und einer Streichpalette in die vorbereiteten Bonbonförmchen verteilen. Die Formen leicht auf die Arbeitsfläche aufklopfen, damit sich Luftblasen lösen. Zu viel sollte man allerdings auch nicht klopfen – sonst könnte das Karamell körnig werden.

Die Karamellen 10 Minuten fest werden lassen, erst dann mit den Meersalzflocken bestreuen. Die Formen auf ein Kuchengitter stellen und vollständig auskühlen lassen. Wurde die Karamellmasse in eine Backform gefüllt, sollte sie in einzelne Stücke geschnitten werden, solange sie noch leicht warm ist.

Sobald die Karamellbonbons abgekühlt sind, einwickeln, damit sie keinerlei Feuchtigkeit aufnehmen. Eingewickelt sind sie 1–2 Monate haltbar, wobei sie auch nach dem Einwickeln vor Feuchtigkeit geschützt werden sollten. In einem gut verschlossenen Behälter aufbewahren und diesen deutlich mit Inhalt und Datum kennzeichnen.

TIPP

Auweia! Die Bonbons sind hart wie Stein! Oder sie sehen aus wie Sand. Was kann man tun? Das Karamell mit etwas frischem Zuckerrübensirup aufkochen, um ihm mehr Schmelz zu geben. Dies funktioniert sowohl bei zu hartem als auch bei körnigem Karamell.

Dazu 60 ml Wasser in einen schweren Topf geben und 60 ml Zuckerrübensirup hinzufügen. Wenn möglich, das Karamell zerkleinern oder einfach das ganze Stück in den Topf geben. Die Temperatur auf ein Minimum einstellen. Den Deckel auf den Topf setzen und 2–3 Minuten kochen lassen. Danach den Deckel wieder abnehmen, und während das Wasser langsam verdampft, den Sirup einrühren – es entsteht eine dicke Flüssigkeit. Nun die Situation einschätzen: Sind die Körnchen verschwunden? Sind noch harte Karamellstückchen vorhanden?

Falls nicht, mit 2 EL Wasser die Topfwand von allen Zuckerkristallen befreien. Den Deckel wieder aufsetzen und weitere 3 Minuten kochen. Einen Blick in den Topf werfen und prüfen, ob das Karamell geschmeidiger geworden ist. Sieht es immer noch körnig oder stückig aus, weitere 2 Minuten kochen. Sobald die Masse glatt ist, ein- oder zweimal mit einem sauberen Löffel umrühren, den Deckel aufsetzen, die Temperatur auf mittlere Stufe erhöhen und 30 Sekunden aufkochen lassen. Zurück in die Förmchen gießen, abkühlen lassen und dann wie oben beschrieben fertigstellen und verpacken.

Schokoladen-Toffee-Trüffel

Schokolade und Cannabis sind eine ideale Kombination. Diese weichen und üppigen Trüffel werden gerollt und sind daher recht unkompliziert in der Verarbeitung. Du kannst eine größere Menge Ganache herstellen, sie anschließend aufteilen und in diversen Garnierungen wälzen. In diesem Rezept verwende ich Toffee-Stückchen, aber es könnte auch Kakaopulver, Streusel, geraspelte weiße Schokolade, geröstete und zerstoßene Nüsse, gefriergetrocknetes Beerenpulver und vieles mehr verwendet werden. Die Trüffel lassen sich am besten im Kühlschrank aufbewahren, sollten aber vor dem Naschen auf Zimmertemperatur gebracht werden. Wenn du denn so lange warten kannst …

ERGIBT 24 TRÜFFEL | THC-GEHALT ETWA 5,4 MG PRO STÜCK

75 ml Crème double
1 TL Vanilleextrakt
1 Prise feines Meersalz
2 EL Cannabutter (siehe Seite 18; etwa 130 mg THC)
225 g Bitterschokolade (mindestens 70 % Kakaoanteil), fein gehackt

ZUM UMMANTELN

150 g zerstoßene Toffee-Stücke (oder eine andere Zutat nach Belieben)

Crème double, Vanilleextrakt, Salz und Cannabutter in einem kleinen, schweren Topf bei mittlerer bis niedriger Temperatur erhitzen, bis die Masse gerade anfängt aufzukochen. Vom Herd nehmen und die fein gehackte Schokolade hinzufügen. 2 Minuten stehen lassen, um die Schokolade schmelzen zu lassen, dann glatt rühren. Bei Bedarf wieder auf den warmen (ausgeschalteten) Herd stellen, um den Schmelzvorgang zu beschleunigen.

Ist die Masse vollkommen glatt und glänzend, bei Zimmertemperatur oder im Kühlschrank abkühlen lassen. Im Kühlschrank bedeckt bis zu 2 Wochen haltbar.

Wenn die Masse fest geworden ist, kleine Kugeln von etwa 2,5 cm Durchmesser formen und in den Toffee-Stücken wälzen. Leicht andrücken, damit die Stückchen an den Trüffeln haften bleiben.

In einem luftdichten Behälter im Kühlschrank 2–3 Tage haltbar (das Toffee bleibt danach nicht mehr knusprig). Den Behälter deutlich mit Inhalt und Datum beschriften. Vor dem Verzehr auf Zimmertemperatur bringen.

TIPP

Diese Cannaganache kann auf verschiedene Weise verwendet werden. Es ist eine klassische Zubereitung aus Crème double und Butter, für eine feste, glatte Ganache. Vielleicht möchtest du eine heiße Karamellsauce daraus machen? Oder du erwärmst diese Ganache zu gleichen Teilen mit Sahne und Schokolade, um eine Cannabis-Eiscreme zu zaubern. Du kannst ein paar Löffel Ganache in ein Glas warme Milch rühren, und schon hast du einen verführerischen Cannakakao. Oder du löffelst sie direkt aus der Schüssel – ich verrate auch nichts.

Mimosa-Fruchtgummis

Die meisten Fruchtgummi-Rezepte für Hobbyköche sind eher eine Art Wackelpudding als Fingerfood. Aber dieses Rezept ist das einzig Wahre. Der Geschmack ist dem Cocktail »Mimosa« nachempfunden, man kann jedoch jede beliebige Geschmacksvariante herstellen, solange die Aromastoffe hochwertig sind. Der Geschmack muss ordentlich aufgepeppt werden, damit die Süßigkeit nicht zu sehr nach »Gras« schmeckt. Nach Belieben kannst du auch etwas gehackte frische Minze oder Rosmarin hinzufügen. Der Sirup sollte nicht ganz die Karamelltemperatur erreichen – ein Zuckerthermometer ist daher ein Muss für gute Resultate. Thermometer sind preiswert und erleichtern die Herstellung von Süßigkeiten ungemein. Außerdem gilt: Der Sirup ist heiß, sei also vorsichtig!

ERGIBT 625 ML SIRUP, ETWA 150 STÜCK (JE NACH VERWENDETER FORM) | THC-GEHALT ETWA 1,3 MG PRO STÜCK (BEI 150 STÜCK)

60 g Speisestärke zum Bestauben
50 g Gelatinepulver (oder 20 Gelatineblätter)
300 g Zucker
350 g heller Maissirup oder Zuckerrübensirup
60 ml Green Dragon (siehe Seite 20; insgesamt etwa 200 mg THC)
½ TL Champagner- oder Sektaromakonzentrat
½ TL Orangenaroma oder -extrakt
½ TL Zitronensäurepulver
3 Tropfen gelbe Lebensmittelfarbe (optional)
1 Tropfen rote Lebensmittelfarbe (optional)
1 EL Avocadoöl

Die Silikonformen mit Speisestärke bestauben und den Überschuss ausklopfen. Alternativ eine 10 × 20 cm große Kastenform mit Dauerbackfolie auskleiden.

75 ml kaltes Wasser in einem hitzebeständigen Glasmessbecher oder Krug abmessen und die Gelatine einrühren (sie wird klumpen). Den Messbecher in einen Topf mit sehr heißem Wasser setzen und beiseitestellen, damit die Gelatine allmählich schmilzt, dabei gelegentlich umrühren.

In einem großen Topf Zucker, Maissirup, Green Dragon und weitere 75 ml Wasser vermengen. Bei hoher Temperatur kochen, bis die Mischung 135 °C auf einem Zuckerthermometer erreicht. Vom Herd nehmen und auf etwa 121 °C abkühlen lassen.

Überprüfe, ob die Gelatine vollständig geschmolzen ist; falls nicht, in einem weiteren heißen Wasserbad erwärmen. Die Gelatine in die heiße Sirup-Mischung geben und gründlich verrühren. Das kann ruhig etwas schäumen, denn man will ja keine Bläschen in der fertigen Masse haben. Die Aromen, das Zitronensäurepulver und gegebenenfalls Farbstoffe hinzugeben. Den Schaum abschöpfen und entsorgen. Den Sirup in einen hitzebeständigen Glasmessbecher oder Krug geben, um das Ausgießen in die Formen zu erleichtern. Sollte die Mischung Blasen werfen, etwa 10–15 Minuten in einem warmen Wasserbad ruhen lassen. Bei Bedarf erneut Schaum abschöpfen, um weitere Bläschen zu entfernen.

Die warme Mischung vorsichtig in die Silikonformen oder die Kastenform gießen (siehe Tipp). Ich verwende ungern eine Pipette, da sie verstopfen kann; die Mischung lässt sich leicht ausgießen, wenn sie warm ist. Die gefüllten Formen mit Speisestärke bestauben und über Nacht bei Zimmertemperatur fest werden lassen.

Die fest gewordenen Fruchtgummis aus den Formen nehmen. Sollte das Herauslösen schwierig sein, in den Kühlschrank stellen, damit sie etwas fester werden. Falls eine Kastenform verwendet wurde, den fest gewordenen Block in kleine Stücke schneiden. Überschüssige Speisestärke abklopfen.

Die Fruchtgummis können einfach so gegessen werden oder man kann sie zum Glänzen bringen. Dafür legt man sie in ein Sieb und spült sie kurz unter fließendem kaltem Wasser ab, um überschüssige Stärke zu entfernen. Möglichst viel Wasser abschütteln, um die Fruchtgummis so trocken wie möglich zu bekommen, und dann mit etwas Avocadoöl beträufeln. Auf einem mit Frischhaltefolie ausgelegten Backblech 12–24 Stunden lufttrocknen lassen.

In einem luftdichten Behälter bei Zimmertemperatur bis zu 1 Monat haltbar. Für Kinder unzugänglich aufbewahren und den Behälter deutlich mit Inhalt und Datum beschriften.

TIPP

Um die Flüssigkeit beim Ausgießen warm zu halten, kannst du einen Topf mit kochendem Wasser bereithalten und bei Bedarf den Messbecher in das Wasser tauchen, um die Mischung zu erwärmen.

Vegane Mango-Fruchtgummis

Falls du auf der Suche nach veganen Fruchtgummis bist, solltest du dieses Rezept ausprobieren. Sie werden auf Fruchtbasis hergestellt und mit Apfelpektin angedickt. Dadurch haben sie eine etwas andere Textur als Gelatine-Fruchtgummis, sind bissfester und weniger klebrig. Du kannst fast jede Frucht verarbeiten, musst aber unter Umständen den Pektingehalt erhöhen, wenn du ein sehr dünnes Fruchtpüree verwendest. Diese Fruchtgummis sind weicher, weshalb sich sehr kleine Förmchen nicht gut eignen.

ERGIBT ETWA 90 FRUCHTGUMMIS (1 × 2,5 CM) |
THC-GEHALT ETWA 1,1 MG PRO STÜCK (BEI 90 STÜCK)

Backspray zum Einfetten der Silikonförmchen
2 EL Apfelpektin
300 g Zucker plus 3 EL
1 EL Zitronensaft, frisch gepresst
½ TL Zitronensäurepulver
300 g Mangopüree (sehr glatt und gießbar püriert)
350 g heller Maissirup oder Zuckerrohrsirup
2 EL Green Dragon (siehe Seite 20; etwa 100 mg THC)
100 g feinster Streuzucker zum Bestauben der Backform und zum Bestreuen

Die Silikonformen mit dem Backspray besprühen.

Alternativ kann man eine quadratische Backform (20 × 20 cm) mit Dauerbackfolie auskleiden und mit Streuzucker bestauben.

In einer kleinen Schale das Pektin mit den 3 EL Zucker vermischen. Beiseitestellen.

In einem großen Topf das Mangopüree mit dem restlichen Zucker (300 g) und 115 g Maissirup vermischen. Bei mittlerer Temperatur etwa 1 Minute erwärmen, dann die Pektin-Zucker-Mischung langsam einrühren. Gut verquirlen oder einen Pürierstab verwenden, damit das Pektin vollständig untergemischt wird und keine Klumpen zurückbleiben. Wenn das Pektin eingearbeitet ist, auf mittlere bis hohe Temperatur stellen und aufkochen lassen. Den restlichen Maissirup (235 g) einrühren. Unter gelegentlichem Rühren weiterköcheln lassen, bis die Temperatur auf einem Zuckerthermometer 111 °C erreicht. Den Herd ausschalten und die Zitronen-Zitronensäure-Mischung einrühren.

Die Masse in die vorbereiteten Silikonformen oder die Backform füllen und mit Streuzucker bestreuen. Wurde eine quadratische Backform verwendet, die Masse 2–3 Stunden abkühlen lassen, bis sie fest genug ist, um sie zu schneiden, und dann in 90 Stücke in der Größe von etwa 1 × 2,5 cm schneiden. Bei Verwendung von Silikonformen den Teig über Nacht fest werden lassen, bevor er aus den Förmchen genommen wird. Falls er schwer herauszulösen ist, zuerst im Kühlschrank herunterkühlen lassen.

Alle Fruchtgummi-Stücke in Streuzucker wälzen, dann auf mit Backpapier ausgelegte Backbleche verteilen und 2–3 Tage bei Zimmertemperatur trocknen lassen. Sobald sich die Fruchtgummis trocken und nicht mehr klebrig anfühlen, in einen luftdichten Behälter umfüllen. Bis zu 3 Monate haltbar. Den Behälter deutlich mit Inhalt und Datum beschriften.

Haselnuss-Fudge

Haselnüsse und Schokolade vereinen sich hier zu einer berauschenderen und etwas gesünderen Version des beliebten Schokoladen-Haselnuss-Aufstrichs. Aber diese Leckerei ist ausschließlich für Erwachsene! Es ist ein schnell zubereitetes Fudge, wobei das Schwierigste wahrscheinlich die Suche nach der Haselnussbutter ist. Mit einer Mini-Küchenmaschine und ein wenig Geduld kannst du auch ganz einfach deine eigene Nussbutter herstellen. Am Schluss kann das Fudge noch mit ein paar Nüssen garniert werden, für etwas mehr Knusper, oder wenn du lieber geschmeidiges Fudge magst, lässt du sie einfach weg.

ERGIBT 64 STÜCKE | THC-GEHALT ETWA 3 MG PRO STÜCK

140 g geschälte und geröstete Haselnusskerne (oder 140 g reines Haselnussmus)
1 EL Haselnusslikör
3 EL Cannabutter (siehe Seite 18; etwa 195 mg THC)
400 g gezuckerte Kondensmilch
350 g Bitterschokolade, gehackt
1 TL feines Meersalz

ZUM GARNIEREN
30 g geschälte und geröstete Haselnusskerne, grob gehackt (optional)

Eine quadratische Backform (20 × 20 cm) oder eine hitzebeständige Glasbackform mit Dauerbackfolie oder Backpapier auskleiden.

Bei Verwendung ganzer Haselnusskerne diese in eine Küchenmaschine geben und 3–5 Minuten verarbeiten, bis eine sehr glatte Butter entsteht. Beiseitestellen.

In einem Topf Haselnusslikör, Cannabutter, Kondensmilch, Schokolade und Salz vermischen und unter häufigem Rühren etwa 5 Minuten bei niedriger Temperatur erhitzen, bis die gesamte Schokolade geschmolzen ist. Vom Herd nehmen und die Haselnussbutter einrühren. Die Masse wird eindicken, aber so lange weiterrühren, bis sie vollkommen glatt ist. Falls die Masse nicht glatt wird, kann man den Topf noch einmal 1–2 Minuten auf Temperatur bringen.

Die Masse in die vorbereitete Form geben und nach Belieben mit gehackten Haselnüssen bestreuen. Bei Zimmertemperatur fest werden lassen, dann in 2,5-cm-Quadrate schneiden.

Zimmerwarm servieren. In einem luftdichten Behälter bei Zimmertemperatur bis zu 5 Tage oder im Kühlschrank bis zu 2 Wochen haltbar. Den Behälter deutlich mit Inhalt und Datum kennzeichnen.

Grund-
rezepte

Die folgenden Rezepte sind für die Dinge, die ich gerne vorrätig habe, wenn es mal schnell gehen muss: Blätter- und Tarte-Teig, Fruchtcreme und schnelle Konfitüre. Außerdem zwei sehr einfache Rezepturen für Cannabis-Zuckerwürfel und aromatisierten Fruchtsirup. Diese beiden Rezepte dienen als Grundlage, aber die Geschmacksrichtungen können nach Lust und Laune variiert werden. Du kannst einen Cannabis-Sirup aus saisonalen Beeren kreieren, diesen mit Mineralwasser aufgießen, und schon hast du einen leckeren »Mocktail«. Die Zuckerwürfel können problemlos überallhin mitgenommen werden und sind ideal, um sich unterwegs eine Dosis zu gönnen.

Einfache CBD-Zuckerwürfel

Dies ist die einfachste Art, eine Dosis CBD (oder THC) unterwegs dabeizuhaben. Entweder isst man ihn pur oder man gibt einen Würfel in einen Becher heißen Tee, in dem er sich sofort auflöst. Das Öl wird sich dabei allerdings an der Oberfläche absetzen, es sei denn, das Getränk enthält etwas Fett, wie zum Beispiel Milch. Du kannst den Zuckerwürfeln auch noch ein bis zwei Teelöffel Aroma, zum Beispiel Zitronenextrakt oder Pfefferminzöl, und ein oder zwei Tropfen Lebensmittelfarbe beifügen, und schon hast du einen kleinen Pfefferminzwürfel, der im Mund zergeht. Cannabis-Produkte im Mund oder unter der Zunge aufzunehmen, beschleunigt die Aufnahme von Cannabis in den Blutkreislauf.

Mit diesem Rezept kannst du ganz einfach loslegen und mit verschiedenen Aromen, Farben und Zuckerarten experimentieren. Grobkörniger Zucker ist schwerer zu formen und man muss eventuell die Sirupmenge verdoppeln, damit die Masse zusammenhält. Die CBD-Menge in jedem Würfel lässt sich verdoppeln, indem du die Menge des Green Dragon verdoppelst. Du kannst auch THC-Extrakt oder eine Kombination aus THC und CBD nach deinem Gusto hinzufügen (1 Teil CBD zu 1 Teil THC ist ein gutes Ausgangsverhältnis von Cannabinoiden für Edibles).

ERGIBT ETWA 120 1-CM-WÜRFEL | CBD-GEHALT ETWA 1,25 MG PRO WÜRFEL

400 g Zucker
3 EL Green Dragon, hergestellt aus CBD-Hanf (siehe Seite 20; etwa 150 mg CBD)

FÜR DEN SIRUP
150 g Zucker
2 EL Wasser
1–2 TL Aromaextrakt (optional)
1–2 Tropfen Lebensmittelfarbe (optional)

Den Zucker in eine mittelgroße Edelstahl- oder Glasschüssel geben, Green Dragon darübergeben und mit einem Schneebesen gründlich verrühren, bis der gesamte Zucker leicht gefärbt und mit dem Extrakt benetzt ist. Beiseitestellen.

Die Zutaten für den Sirup in einem mittelgroßen Topf verrühren, sodass sich der Zucker auflöst. Aufkochen und 1 Minute köcheln lassen, bis der Sirup klar ist.

Den heißen Sirup über den Zucker in der Schüssel träufeln und sofort mit dem Schneebesen verrühren, damit er sich gleichmäßig verteilt. Das Ergebnis sollte eine klebrige, körnige Mischung sein, fast wie nasser Sand. Die noch warme Masse fest in Silikoneiswürfelbehälter drücken. Ich verwende Mini-Eiswürfelformen mit einer Kantenlänge von 1 cm. 24–36 Stunden ohne abzudecken trocknen lassen.

Wenn sich die Würfel richtig trocken anfühlen, sollten sie fertig sein. Man sollte jedoch bedenken, dass der Zucker am Boden der Formen noch nicht der Luft ausgesetzt war und daher noch feucht sein kann. Die Würfel vorsichtig auf ein mit Backpapier ausgelegtes Backblech stürzen und weitere 24 Stunden trocknen lassen. Sie sollen genauso hart sein wie ein gewöhnlicher Zuckerwürfel.

Die Würfel in ein Einmachglas füllen und mit Inhalt und Datum kennzeichnen. Sie sind an einem kühlen, dunklen Ort bis zu 1 Jahr haltbar.

TIPP
Für dieses Rezept kann man auch wunderbar CBD-Isolat verwenden. Anstelle des Zuckers werden Isolatkristalle für den Sirup verwendet. Das gekaufte Isolat sollte pro Gramm etwa 990 mg aktiviertes CBD enthalten.

Zitronentee-Sirup

Dieser einfache, süße und spritzige Fruchtsirup ist bestens zum Verfeinern von Eistee oder heißem Tee geeignet. Er passt auch hervorragend zu Cannalimonade oder Canna-cocktails und kann sogar Fleischmarinaden beigemischt werden. Ich trinke gerne einen Schluck davon, wenn ich mich nicht wohlfühle, und manchmal ersetze ich den Zucker durch Honig, wenn ich mal Halsschmerzen habe. Schüttle den Fruchtsirup gut vor dem Gebrauch, damit sich das Cannabis gleichmäßig verteilt.

ERGIBT ETWA 650 ML SIRUP | THC-GEHALT 9 MG PRO EL

250 ml frisch gepresster Zitronensaft (von etwa 3–4 großen Zitronen)
120 ml Green Dragon (siehe Seite 20; etwa 400 mg THC)
400 g Zucker
abgeriebene Schale von 2 großen Zitronen

Den Zitronensaft zusammen mit 120 ml Wasser, Green Dragon und Zucker in einen großen Topf geben. Auf mittlerer Temperatur unter Rühren aufkochen. Ohne abzudecken etwa 5 Minuten weiterköcheln lassen, bis sich der gesamte Zucker aufgelöst hat und die Mischung die Konsistenz von Sirup angenommen hat.

Vom Herd nehmen, den Zitronenabrieb einrühren und abkühlen lassen.

In eine saubere Flasche füllen und bis zur Verwendung in den Kühlschrank stellen. Dort ist der Sirup bis zu 2 Wochen haltbar. Vor Gebrauch gut schütteln.

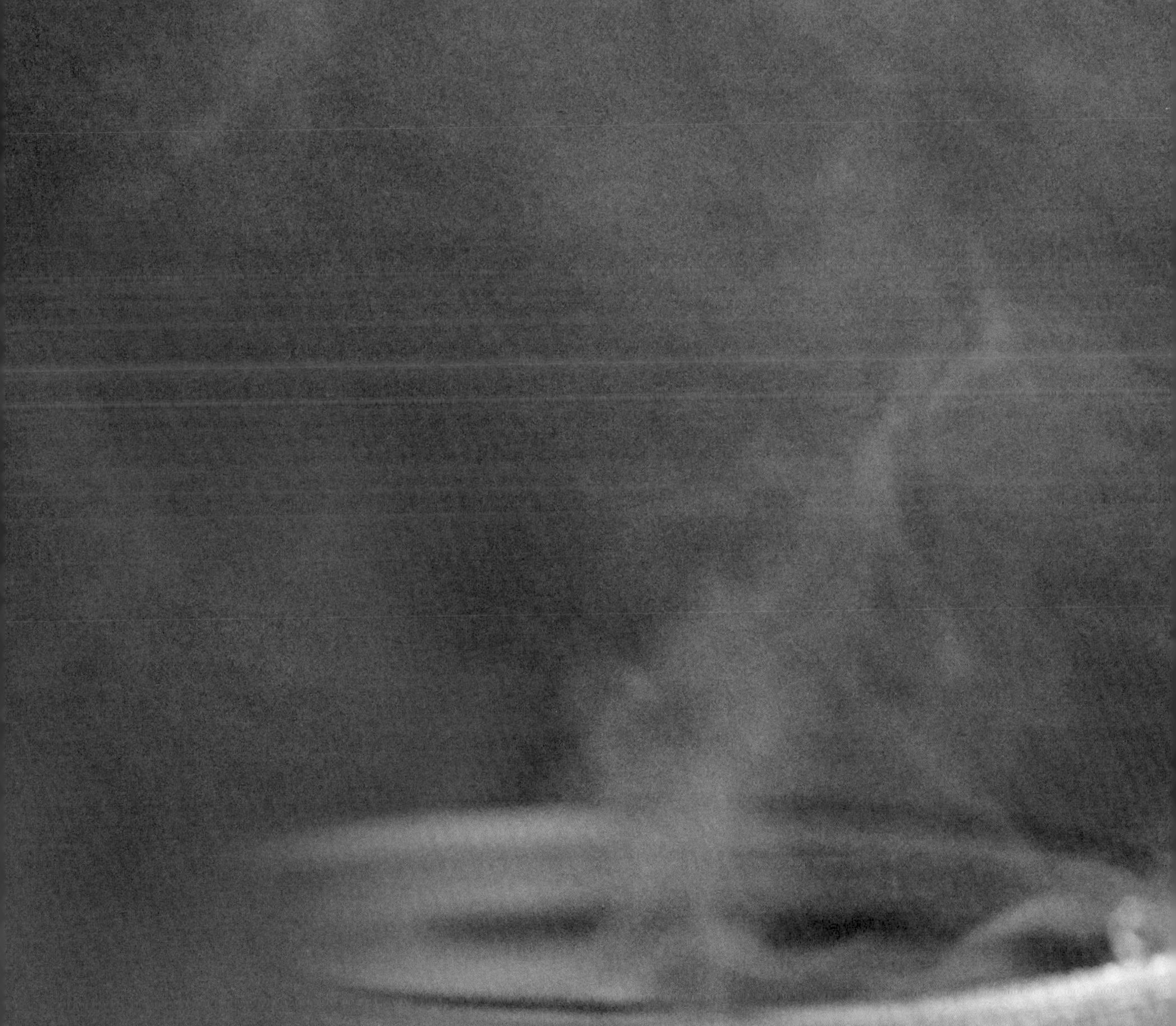

Grapefruitcreme Karamell

Diese korallenrote Creme füllst du in die Grapefruit-Tartes (siehe Seite 60). Du kannst auch eine Portion davon im Kühlschrank aufbewahren, um sie zum Beispiel in griechischen Joghurt zu rühren.

ERGIBT ETWA 250 ML (GENUG FÜR 8 TARTES À 7,5 CM) | THC-GEHALT ETWA 65 MG

2 große rote Grapefruits
100 g Zucker plus 2 EL
1 Ei Größe L
2 große Eigelb
3 EL kalte Butter, gewürfelt
1 EL kalte Cannabutter (siehe Seite 18; etwa 65 mg THC), gewürfelt

Den Backofengrill auf hohe Temperatur vorheizen. Ein Backblech mit Aluminiumfolie auslegen.

Die Grapefruits schälen und die Schale beiseitelegen, dann die Früchte waagerecht in zwei Hälften schneiden. Die Grapefruithälften mit der Schnittseite nach oben auf das vorbereitete Backblech legen und die Schnittseiten mit den 2 EL Zucker bestreuen. 3–5 Minuten grillen, bis die Schnittseiten karamellisieren und Blasen werfen und die Grapefruits an den Rändern leicht ankohlen. Beiseitestellen, bis sie so weit abgekühlt sind, dass sie verarbeitet werden können.

Die abgekühlten Grapefruits entsaften und dabei das Fruchtfleisch und die Kerne herausfiltern. Das sollte etwa 350 ml Saft ergeben. Diesen in einen großen Topf gießen und so lange bei mittlerer bis hoher Temperatur köcheln lassen, bis der Saft um zwei Drittel eingekocht ist (7–8 Minuten). Den Saft abmessen, wenn man glaubt, dass er fast eingekocht ist – 120 ml sollten es sein. Falls es weniger ist, einfach etwas mehr Wasser hinzufügen. Falls es noch mehr ist, einfach etwas länger kochen.

Den Saft zurück in den Topf geben und mit dem Schneebesen die Grapefruitschale, ganzes Ei und Eigelb, Butter, Cannabutter und den verbliebenen Zucker (100 g) einrühren. Bei mittlerer bis niedriger Temperatur unter ständigem Rühren etwa 5 Minuten leicht köcheln lassen. Danach schwach aufkochen lassen und dabei etwa 30 Sekunden kräftig rühren, damit die Eier nicht zu Rührei werden, aber die Creme eindickt. Anschließend sofort durch ein feines Sieb in eine Schüssel gießen. Mit einem Löffel auf die im Sieb aufgefangene Schale drücken, um die Öle in die Creme fließen zu lassen.

Ein Blatt Frischhaltefolie direkt auf die Creme legen, um zu verhindern, dass sich eine Haut bildet, und im Kühlschrank etwa 1 Stunde abkühlen lassen, bis sie fest ist. Wie im Rezept angegeben für die Tartes verwenden oder für beliebige andere Speisen.

Im Kühlschrank bis zu 1 Woche haltbar. Deutlich mit Inhalt und Datum beschriften.

Schnelle Himbeerkonfitüre

Diese Konfitüre enthält kein Cannabis, aber wenn du das möchtest, füge einfach etwas hinzu! Du kannst bis zu 75 ml Green Dragon (siehe Seite 20) hinzugeben, indem du ihn zu Beginn in die zerstampften Beeren einrührst. Es kann sein, dass die Masse dadurch ein oder zwei Minuten länger kochen muss, um einzudicken. Diese Konfitüre wird nicht im Glas eingekocht und ist daher nicht haltbar – sie muss gekühlt oder gefroren aufbewahrt werden.

ERGIBT 1,2 L | OHNE THC

900 g Himbeeren, zerstampft, aber nicht püriert (oder Brombeeren, Erdbeeren, Heidelbeeren oder entsteinte, gehackte Aprikosen)
800 g Zucker
1 EL Zitronensaft, frisch gepresst
½ TL feines Meersalz

Das zerstampfte Obst in einem großen, schweren Topf bei mittlerer Temperatur aufkochen. 4 Minuten köcheln lassen, dann Zucker, Zitronensaft und Salz einrühren. Weitere 4 Minuten köcheln lassen, dabei gelegentlich umrühren, damit nichts anbrennt. Die Masse sollte schon ziemlich dickflüssig sein, aber sie wird noch dicker und geliert, wenn sie vollständig abgekühlt ist. Sollte sie noch ein wenig flüssig sein, weitere 1–2 Minuten kochen. Vom Herd nehmen und in ein sauberes Gefäß oder eine Schüssel füllen. Etwas abkühlen lassen, dann abdecken und in den Kühlschrank stellen.

Gekühlt bis zu 2 Monate oder eingefroren bis zu 6 Monate haltbar. Falls Cannabis hinzugefügt wird, muss das Behältnis deutlich mit Inhalt und Datum beschriftet werden.

Mürbeteig

Dieser Teig ist THC-frei und es ist immer gut, wenn du davon etwas im Gefrierschrank hast, um mal fix etwas frisch Gebackenes zaubern zu können.

ERGIBT EINE AUSREICHENDE MENGE FÜR EINE GROSSE GEDECKTE TARTE, 15–20 TEIGTASCHEN ODER TARTE-SCHALEN MIT 7,5 CM DURCHMESSER | OHNE THC

260 g Weizenmehl Type 405
225 g kalte Butter, grob gerieben
4 TL Zucker
2 TL feines Meersalz
1 Eigelb
1 EL Apfelessig

In einer großen Rührschüssel Mehl, Butter, Zucker und Salz vermischen. Mit den Fingerspitzen oder einem Teigmischer zu groben Streuseln verreiben. In einer kleinen Schale das Eigelb mit 2 EL kaltem Wasser und dem Essig mit einer Gabel verrühren und die Mischung über die Streusel träufeln. Mit einer Gabel umrühren, bis sich ein zusammenhängender Teig bildet. Den Teig sanft bearbeiten, damit er leicht und locker bleibt, zu einer Scheibe formen und in Frischhaltefolie oder Backpapier wickeln. Mindestens 1 Stunde oder bis zur Weiterverarbeitung im Kühlschrank kühlen. Der Teig ist im Kühlschrank bis zu 5 Tage oder im Gefrierschrank bis zu 2 Monate haltbar.

Süßer Tarte-Teig

Dies ist eine Art Keksteig, der nicht krümelig, sondern knusprig wird und sich leicht formen lässt. Du kannst ihn sogar mit den Fingern in Mini-Förmchen drücken, ohne den Teig vorher auszurollen.

ERGIBT EINE AUSREICHENDE MENGE FÜR 16 TARTE-SCHALEN MIT 7,5 CM DURCHMESSER | OHNE THC

75 g weiche Butter
100 g Zucker
¼ TL feines Meersalz
½ TL Vanilleextrakt
1 Ei Größe L
230 g Weizenmehl Type 405 plus etwas mehr zum Bestauben

In der Schüssel eines Standrührgeräts mit Flachrühraufsatz Butter, Zucker, Salz und Vanilleextrakt 2 Minuten auf mittlerer Stufe verrühren. Reste der Masse von der Schüsselwand herunterschaben und weitere 30 Sekunden rühren, dann das Ei hinzufügen und 1 Minute verrühren. Erneut die Masse an der Schüsselwand herunterschaben, das Mehl hinzufügen und auf niedriger Stufe 1–2 Minuten zu einem weichen Teig verarbeiten.

Den Teig auf einer leicht bemehlten Arbeitsfläche ausrollen und ein paar Mal übereinanderfalten. Er sollte glatt und fest sein. In zwei Hälften teilen und zu flachen Scheiben formen, dann in Backpapier oder Plastikfolie einwickeln und mindestens 1 Stunde, am besten über Nacht, in den Kühlschrank legen.

Zum Weiterverarbeiten den Ofen auf 180 °C vorheizen.

Den Teig auf einer leicht bemehlten Fläche 3 mm dick ausrollen und Kreise ausschneiden, die größer sind als die Tarte-Form, die man verwenden möchte. Den Teig vorsichtig in die Tarte-Form einlegen und mögliche Risse einfach mit den Fingerspitzen ausbessern. Mit einer Gabel ein paar Mal einstechen, dann etwa 20 Minuten in den Kühlschrank stellen.

Backpapier zerknüllen, in kleinere Stücke reißen und diese jeweils in die Tarte-Schalen setzen. Einige Backbohnen in das Backpapier legen, um den Teig zu beschweren und die Seiten während des Backens zu stützen.

8–10 Minuten backen, bis die Tarte-Schalen eine leichte Bräune annehmen. Aus dem Ofen nehmen, das Backpapier und die Bohnen herausnehmen und weitere 5 Minuten im Ofen backen.

Aus dem Ofen nehmen und je nach Rezept befüllen.

TIPP
Der Teig lässt sich auch einfrieren. Dazu fest einwickeln und bis zu 3 Monate im Gefrierschrank aufbewahren. Vor dem Aufbacken über Nacht im Kühlschrank auftauen lassen.

Danksagung

Danke an alle, die mich auf diesem Weg begleitet haben.

Der größte Dank gilt meinem Sohn Huxley, der ständig zu hören bekam: »Iss das nicht, da ist ›Gras‹ drin!«

Meinem Hund Duff, der mir sein Panda-Spielzeug zur Ablenkung gebracht hat, ungefähr eine Million Mal.

Meiner Mutter und meinem Vater, die mir den Genuss und die Zubereitung von Essen beigebracht haben.

Joe, für seine Fotografie und seine Freundschaft. Du machst das großartig!

Carol, dafür, dass du an mich geglaubt und mir geholfen hast, als ich es am dringendsten brauchte.

Heather, für die Samstage und die langen Nächte in der Bäckerei.

Den zahllosen Menschen, die sich wegen einer Pflanze strafbar gemacht haben. Und denjenigen, die das Ende der Illegalität nicht abwarten können.

Weitere Quellen

www.americanbakingcompany.com
hightimes.com
www.leafly.com
www.shapingfire.com

Register

H

I

K

L

M

N

O

P

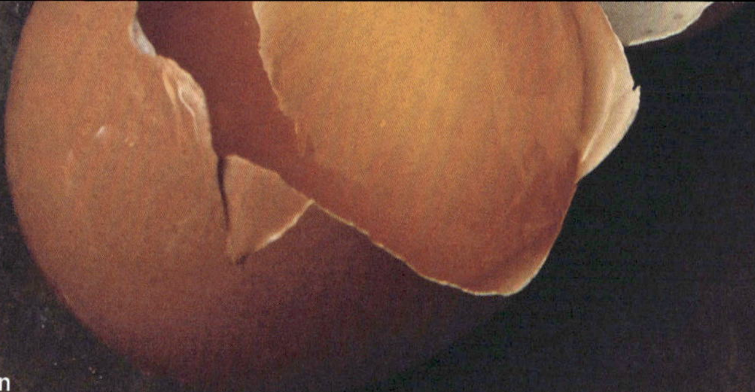

Impressum

Verantwortlich: Johanna von Pechmann
Übersetzung aus dem Englischen: Susen Truffel-Reiff
Redaktion: Dr. Brigitte Schnock
Cover- und Umschlaggestaltung: Ina Zimmermann
Satz: Martin Feuerstein, Wigel
Korrektorat: Judith Bingel
Herstellung: Julia Hegele

Design: Emily Preece-Morrison
Layout: Megan Ellis
Fotografie: Joe Holdsworth
Styling: Diana Isaiou

Printed in Germany by Appl

★★★★★

Sind Sie mit diesem Titel zufrieden? Dann würden wir uns über Ihre Weiterempfehlung freuen. Erzählen Sie es im Freundeskreis, berichten Sie Ihrem Buchhändler oder bewerten Sie bei Onlinekauf.
Und wenn Sie Kritik, Korrekturen, Aktualisierungen haben, freuen wir uns über Ihre Nachricht an: Christian Verlag, Postfach 40 02 09, D-80702 München oder per E-Mail an lektorat@verlagshaus.de.

Unser komplettes Programm finden Sie unter: www.christian-verlag.de

Die Deutsche Nationalbibliothek verzeichnet diese Publikation in der Deutschen Nationalbibliografie; detaillierte bibliografische Daten sind im Internet über http://dnb.d-nb.de abrufbar.

2. Auflage 2026

Die englische Originalausgabe mit dem Titel *High Tea. Cannabis Cakes, Tarts and Bakes* erschien erstmals 2020 by Smith Street Books.

ISBN 978-3-95961-720-8